CHANGE AGILITY
UN GUIDE POUR VOUS AIDER À PENSER LA CONDUITE DU CHANGEMENT DIFFÉREMMENT.

JASON LITTLE
LOÏC LÉOFOLD

CONTENTS

1. Préface   1
2. Chasser les Voitures (Pourquoi ce livre ? Pourquoi maintenant ?)   3
3. Votre vision de l'agilité n'est pas ma vision   9
4. Comment lire ce livre?   15
5. Être Agile ou Faire Agile ?   23
6. Devenir plus pleinement humain   31
7. Version Bêta 1.0 ? C'est quoi ce bordel ?   39

PARTIE I - MANIFESTE DE LA CONDUITE MODERNE DU CHANGEMENT

1. Votre manifeste du changement   55
2. Les individus et les interactions   61
3. Un logiciel fonctionnel ?   67
4. La collaboration avec le client   71
5. L'adaptation au changement   75

PARTIE II - CAHIER PRATIQUE - LES PRINCIPES MODERNES DE LA CONDUITE DU CHANGEMENT

1. Comment la partie II est-elle structurée ?   83
2. Prendre soin des gens   85
3. Accueillir le changement   89
4. Raccourcir les boucles de rétroaction   91
5. Collaborer entre les fonctions   95
6. Privilégier la motivation intrinsèque   99
7. Être au contact plutôt qu'utiliser la technologie   103
8. Adapter les indicateurs   107
9. S'adapter au rythme   111

10. Adapter le processus du changement   115
11. Rester simple   119
12. Les personnes qui écrivent le plan ne luttent pas contre le plan   123
13. Inspecter et adapter   127
14. Prioriser vos principes   131

PARTIE III - MA PRISE DE POSITION - LES PRINCIPES MODERNES DE LA CONDUITE DU CHANGEMENT

1. Prendre soin des personnes   141
2. Accueillir le changement   145
3. Raccourcir les boucles de rétroaction   149
4. Collaborer entre les fonctions   155
5. Privilégier la motivation intrinsèque   161
6. Être au contact plutôt qu'utiliser la technologie   169
7. Adapter les indicateurs   177
8. S'adapter au rythme   185
9. Adapter le processus du changement   191
10. Rester simple   199
11. Les personnes qui écrivent le plan ne luttent pas contre le plan   205
12. Inspecter et adapter   211

PARTIE IV - CHANGEZ VOTRE VISION DU CHANGEMENT

1. Transformez la façon dont vous conduisez le changement   223
2. Transformez la façon dont vous pensez le changement   235
3. Transformez la façon dont vous collaborez avec les équipes agiles   243

PARTIE V - QU'EST-CE QUE LE CHANGEMENT DEPUIS LEAN CHANGE MANAGEMENT

1. Que s'est-il passé avec The Commission?   259
2. Un manifeste pour la conduite agile du changement   269

PARTIE VI - CHANGE WAYFINDER   277
PARTIE VII - REMERCIEMENTS   283

Notes   287

PRÉFACE

Les apparences sont souvent trompeuses. C'est le cas du titre de ce livre : *Change Agility*. Selon votre propre modèle mental, vous vous attendez à un contenu qui pourrait ne pas être celui de ce livre. Si vous attendez un nouveau modèle ou un nouveau processus plus agile de la conduite du changement, vous serez sans doute déçus. De nombreux dirigeants, coachs agiles, consultants en changement organisationnel et agents du changement ont lu le premier livre de Jason intitulé *Lean Change Management* ou ont participé à l'un des ateliers qu'il a donnés à travers le monde, voire les deux. Ils ont découvert un processus, des outils et des canevas les aidant à alléger leur processus du changement, à avoir un processus de conduite agile du changement minimum viable. L'intention n'est pas de faire une seconde version de *Lean Change Management*.

Si l'épidémie nous a appris une chose, c'est que notre monde est imprévisible et que l'adaptation est la première qualité qu'une organisation se doit d'avoir pour ne pas devenir le prochain dinosaure. Et l'adaptation, c'est du changement évolutif naturel. L'agilité est devenue le nouveau mot à la mode dans les entreprises. Mais si ce livre parle d'agilité, c'est pour en revenir à sa source et pour vous faire réfléchir sur vos croyances concernant le changement et l'agilité. Le premier changement que vous pouvez faire, et selon mon opinion le seul, est de changer vous-même, vos croyances et vos schémas mentaux. Le titre de mon livre, *Tout commence par l'être*, résume bien aussi le contenu de ce livre.

Conçu comme un cahier de travaux pratiques, il vous aidera dans ce travail difficile de remise en question. L'agilité dans la conduite du changement vous sera alors accessible et vous aurez envie de partager vos nombreuses découvertes à vos collaborateurs et à un réseau mondial d'agents du changement. Les choses se passent en général beaucoup mieux quand tout le monde est sur la même longueur d'onde !

Loïc Léofold, coach agile et coach professionnel, auteur, fondateur de l'harmocratie.

CHASSER LES VOITURES (POURQUOI CE LIVRE ? POURQUOI MAINTENANT ?)

"La voie à suivre n'est paradoxalement pas de regarder vers l'avenir, mais de s'arrêter et de regarder autour de soi" - John Seely Brown

* * *

En 1974, Southwest Airlines balbutiait et était au bord de la faillite. Ils avaient besoin de vendre l'un de leurs quatre avions tout en assurant le programme de vols prévu pour quatre. La meilleure façon de le faire était d'amener les passagers à descendre et à monter de l'appareil aussi rapidement que possible.

C'est ainsi qu'est né le délai d'exécution (TAT) de 10 minutes.

À l'époque, le transport aérien était soumis à moins de contraintes qu'aujourd'hui. Les passagers pouvaient attendre sur le tarmac avant d'embarquer et les personnes pouvaient encore regagner leur siège pendant la procédure de remorquage éloignant l'appareil de la porte d'embarquement.

Pour sauver la compagnie aérienne, Southwest a dû comprendre par elle-même ses contraintes organisationnelles et tout ce qui concernait le débarquement, la préparation et l'embarquement des vols. Ils ont dû partir de zéro pour créer un nouveau processus.

Aujourd'hui, l'information est en grande partie gratuite et facile d'accès. Si nous avons besoin de créer un programme d'amélioration continue, de développer un processus agile multi-équipes ou de transformer notre organisation, Google peut faire la plupart du travail à notre place.

Ensuite, il nous reste à créer quelques diapositives, quelques manuels ou quelques autres artifices pour convaincre les parties prenantes que nous allons dans la bonne direction, même si personne ne sait exactement comment le faire.

La création d'un cadre méthodologique de conduite du changement est raisonnablement simple. Certaines idées universelles sont pertinentes quel que soit le contexte. C'est pourquoi tant de méthodes que vous trouverez sur Google ont des phases d'évaluation, d'analyse, d'exécution et de clôture. Le cycle Planifier-Faire-Vérifier-Agir (PDCA) de Shewhart, souvent attribué à Deming, est le seul modèle dont nous avons besoin, mais comme vous le savez, le diable est dans les détails.

Changer les organisations d'aujourd'hui est plus difficile que jamais. Nous sommes bombardés quotidiennement de nouveaux modèles, de nouvelles méthodes et de nouveaux outils qui nous promettent d'assurer le succès de n'importe quel changement et qui nous apaisent quant à un avenir inconnu et imprédictible. Au bout de douze à dix-huit mois, lorsque ces modèles, ces méthodes et ces outils ne sont pas à la hauteur de leurs promesses, le vice-président chargé de la transformation se retrouve complètement désespéré et fait appel à un autre cabinet de conseil qui lui propose alors sa méthode magique basée sur les dernières avancées des neurosciences.

Déjà en 2007, le formateur, qui m'a enseigné Scrum, racontait de nombreuses anecdotes à propos d'un accompagnement à la transformation d'une grande institution financière vers plus d'agilité. Cependant, après douze ans, ils sont toujours en train de se transformer.

Quelque part en cours de route, nous avons confondu l'évolution naturelle, que toutes les organisations traversent continuellement, avec les plans ponctuels de transformation, d'où le sentiment de frustration ressenti par chacun.

POURQUOI CE LIVRE, POURQUOI MAINTENANT ?

Jerry Weinberg[1] influence une grande partie de mon travail et du fil de mes pensées. Je me souviens que, lorsqu'il était interrogé sur sa contribution la plus utile à l'ingénierie logicielle, il répondait : "Je n'ai jamais inventé un autre langage."

C'est l'intention de ce livre.

Pendant plus de quinze ans, j'ai aidé les organisations, les équipes et les individus à adopter les pratiques agiles dans l'informatique, dans la gestion des Ressources Humaines, dans la conduite du changement, dans le développement organisationnel, dans le marketing et dans bien d'autres domaines.

Je voulais utiliser leurs histoires, leurs anecdotes et leurs illustrations pour montrer les trois principaux points de vue de concevoir *la conduite agile du changement* :

- Transformer la façon dont vous conduisez le changement.
- Transformer la façon dont vous pensez le changement.
- Transformer la façon dont vous collaborez avec les équipes agiles.

Les cadres méthodologiques, les méthodes, les manuels et les processus de conduite agile du changement peuvent avoir de la valeur, mais ils sont basés sur la vision et les expériences d'un quidam sur la façon dont il pense que vous devriez la mener.

Ce livre revisite l'intention de l'agilité pour vous faire réfléchir aux raisons que vous avez à mener une conduite agile du changement.

Cela vous permettra de créer une approche unique correspondant à votre contexte plutôt que d'essayer de faire rentrer des carrés dans des ronds.

D'après les mots de Jerry Weinberg, un petit remue-ménage peut faire un long chemin, et j'espère que les histoires citées dans ce livre vous inspireront.

Ce qui différencie ce livre est le fait que cet objet inerte n'est qu'un commencement, il vivra et évoluera via change-wayfinder.com[2]

Bien qu'il soit compréhensible que nous voulons que le changement ait un début, un milieu et une fin, il n'a jamais fonctionné et ne fonctionnera jamais de la sorte. Il ressemble davantage à une vague causée par le va-et-vient des marées organisationnelles.

Vous avez besoin de trouver la bonne façon d'intervenir dans le système organisationnel, au bon moment, pour avancer d'un pas.

Comme l'a dit James Carse[3] avant que Simon Sinek ne réutilise ses idées[4], toutes les organisations jouent à un jeu infini, pas à un jeu fini.

VOTRE VISION DE L'AGILITÉ N'EST PAS MA VISION

*Nous voulons des réponses; et nous les voulons maintenant !
Demandez à Google "n'importe quoi" et vous obtiendrez un extrait
d'un site qui vous renseigne sur le sujet de votre recherche.*

* * *

Nous sommes le 23 janvier 2020 à la fin d'un voyage lors duquel j'ai organisé quelques ateliers de changement avec mon ami et collègue Andrew Annett et je suis assis dans Helsinki en Finlande pour donner la touche finale à ce livre.

Pour me divertir, je tape sur Google "qu'est-ce que agile ?" et voici ce que je trouve :

"Agile est une approche itérative et à temps limité de livraison de logiciels qui construit un logiciel de façon incrémentale dès le début du projet, plutôt que d'essayer de tout livrer en une fois vers la fin."

Aujourd'hui, après avoir retrouvé ce livre sur un ancien disque de sauvegarde en août 2020, je réitère la requête et voici la réponse suggérée par Google :

" *Le développement agile de logiciel se réfère à un groupe de méthodologies de développement de logiciel basées sur un développement itératif, où les exigences et les solutions évoluent grâce à la collaboration entre des équipes auto-organisées et interdisciplinaires... En lire plus sur le Manifeste Agile.*"

Les deux réponses sont axées sur le processus, mais la seconde mentionne au moins le manifeste, ce qui est une bonne chose !

Je suppose que ces définitions sont *assez bonnes,* mais que faire si je suis dans le marketing ? Voici la réponse de Google à la question "qu'est-ce que le marketing agile ?"

"*À la base, le marketing agile est une approche marketing tactique dans laquelle les équipes identifient et concentrent leurs efforts collectifs sur des projets de grande valeur, les terminent de façon coopérative, mesurent leurs impacts, puis améliorent continuellement et progressivement les résultats au fil du temps.*"

Un peu vague mais soit. Que dire pour les Ressources Humaines ? Voici la suggestion de Google pour "qu'est-ce que les Ressources Humaines agiles ?"

"*Les rétrospectives peuvent aussi se dérouler en présence des managers et des chargés de recrutement, particulièrement après un nouvel évènement RH tel un recrutement, un licenciement ou les entretiens périodiques de performance. Il s'agit d'une approche 'centrée client' qui épouse l'agile. Le point est de savoir si le travail réalisé par les RH apporte la valeur attendue.*"

Si vous travaillez dans les Ressources Humaines, s'il vous plaît, oubliez d'avoir lu cela. Ces propos ne ressemblent en rien aux valeurs et aux principes agiles, mais ressemblent davantage à une opinion d'une personne familière de l'algorithme de classement de contenu de Google.

D'accord, je dois en essayer un de plus. Supposons que je suis un testeur de logiciels. Voici la réponse de Google pour "qu'est-ce que les tests agiles ?"

"Le test agile est un processus de test des logiciels qui suit les principes du développement agile des logiciels. Les tests agiles s'alignent sur une méthodologie de développement itérative dans laquelle les exigences se développent progressivement à partir des clients et des équipes de tests. Le développement est aligné aux exigences du client."

Oups, un autre feu de poubelles, mais je suppose que nous ne pouvons pas blâmer Google pour cela. Il existe tellement d'opinions divergentes sur ce qu'est l'agilité de nos jours; même les robots sont confus.

Nous sommes arrivés à un point où certaines organisations ne *font plus du tout d'agile*; elles mettent en place des *nouvelles façons de travailler* parce que le mot 'agile' est devenu un mot valise :

"Nous l'avons appelé manifeste car il représentait un appel à l'action basé sur nos croyances" - Martin Fowler

L'HISTOIRE DU MANIFESTE AGILE.

Avant de passer sous silence le reste de ce chapitre, en pensant, "Oui, oui, oui...le manifeste agile... je le connais déjà", prenez un moment pour faire une pause et explorer l'idée. Relisez-le, notez ce qui est différent maintenant par rapport au moment où vous l'avez découvert pour la première fois.

Le manifeste agile a été rédigé en 2001 à Snowbird, proche de Salt Lake City dans l'Utah. Dix-sept créateurs de diverses méthodes de développement dites légères se sont réunis et l'ont créé parce qu'ils voulaient découvrir une meilleure façon de construire des logiciels.

Ils se sont mis d'accord sur quatre valeurs, ils ont décrit la plupart des douze principes pendant l'atelier et ils les ont affiné jusqu'à la version finale que vous pouvez lire aujourd'hui sur http://agilemanifesto.org :

Les individus et les interactions plus que les processus et les outils.

Un logiciel fonctionnel plus qu'une documentation exhaustive.

La collaboration avec le client plus que la négociation d'un contrat.

L'adaptation au changement plus que le suivi d'un plan.

J'utilise les pratiques agiles depuis le début des années 2000 et j'aide les organisations à s'orienter vers des façons agiles de travailler depuis le milieu des années 2000. Les personnes associent immédiatement le mot *agile* avec des notions préconçues de collaboration, de construction de logiciel plus rapide/mieux/moins chère et d'amélioration continue. Beaucoup de personnes passent à côté de quelques points importants :

1. Le manifeste dit : "nous reconnaissons la valeur des seconds éléments, mais privilégions les premiers." Nous

n'ignorons pas la documentation ou la planification ; nous privilégions davantage une solution tangible et fonctionnelle et l'adaptation.
2. Les douze principes déclinés des valeurs sont souvent ignorés. Si vous voulez voir à quel point, cherchez simplement "agilité d'entreprise" sur Google. Parce que nous lisons le cinquième principe, beaucoup, y compris moi, ont écrit sur le sujet au cours de la dernière décennie avant que le terme ne fasse l'objet d'un dépôt de marque.
3. Le contexte compte. Si vous faites abstraction de l'aspect logiciel, vous réaliserez que ce que disent les auteurs est universellement adaptable. C'est précisément ainsi que Southwest aborda ses problèmes en 1974, et que Henry Ford révolutionna la construction automobile au début des années 1900. Toyota fut reconnu à juste titre pour ce qu'ils ont fait, mais nous savons tous que Henry Ford l'avait fait en premier. En outre, avant Henry Ford, Oldsmobile avait créé la ligne d'assemblage. Avant ça, je suis sûr que certaines personnes produisaient déjà en masse quelque chose, donc l'important n'est pas *celui qui l'a inventé*.
4. Les grandes organisations ont des chefs qui font évoluer les méthodes de travail pendant qu'ils travaillent. C'est la nature empirique et intemporelle de l'agilité : *apprenez à penser dans votre contexte, et tout ira bien*.

Il y a encore bien des choses à dire sur les idées reçues erronées au sujet de l'agilité, mais pour l'instant, revenons à l'intention du manifeste agile et trouvons comment l'adapter à la conduite du changement.

Je vous promets que si vous partez des valeurs et des principes et que vous les déclinez avec cohérence dans vos pratiques, vous débloquerez la puissance de l'agilité.

COMMENT LIRE CE LIVRE ?

En supposant que vous avez lu les deux chapitres précédents, permettez-moi d'être *anti-agile* et de vous dire mon intention quant à la lecture de la suite de ce livre. Il se découpe en sept parties principales :

1. Le première partie est un exercice pour vous faire réfléchir à la façon dont vous adapteriez le manifeste agile au changement. Nous voulons souvent faire en sorte que *<mettre le nom d'un domaine ici>* soit plus agile, appliquer les pratiques, mais nous oublions les valeurs et les principes à partir desquelles elles se déclinent. Esther Derby[1] a dit un jour : *"Nous appliquons la pratique, mais nous divorçons du principe."*
2. La deuxième partie approfondit les principes. C'est important et souvent négligé. Les personnes regardent les quatre valeurs et s'arrêtent à ce point, passant à côté des fantastiques principes. Avec quelques questions, je

vous rappellerai chaque principe et je vous amènerai à les transposer du domaine du logiciel à celui du changement.

3. Dans la troisième partie, je partagerai mon point de vue, venant moi-même de la communauté agile. Depuis l'an 2000, j'ai travaillé en tant que product owner, en tant que Scrum master, en tant que membre de l'équipe, en tant que coach interne/externe, en tant que formateur et en tant que consultant. Les valeurs et les principes ont façonné mon approche du changement, contrairement à ce que j'ai constaté chez plusieurs responsables de la conduite du changement qui choisissent une méthode ou un cadre méthodologique sans tenir compte du contexte.

4. La quatrième partie expose mes points de vue sur les trois points du chapitre d'ouverture : transformer le fonctionnement de la conduite du changement, transformer la façon dont vous pensez le changement et transformer la façon dont vous collaborez avec les équipes agiles.

5. La cinquième partie détaille ce qui a changé chez The Commission, l'entreprise sur laquelle Lean Change Management se base, et ce qui a changé dans ma façon de voir le changement après avoir passé les six ou sept dernières années à parcourir le monde, à former et à travailler dans diverses organisations.

6. La partie VI contient des informations aléatoires pointant sur des ressources en ligne. Dans la partie VII, je remercie toutes les merveilleuses personnes que j'ai rencontrées et avec lesquelles j'ai interagi au fil des ans.

Vous pouvez sauter la partie exercice si vous le souhaitez, mais j'espère que vous ne le ferez pas. Il y a beaucoup d'erreurs sur la façon d'appliquer les pratiques agiles dans un contexte hors informatique.

Beaucoup de gens qui parlent de la façon de conduire le changement avec agilité ont appris l'agilité dans sa phase d'adoption tardive. C'est-à-dire que ceux qui ont appris l'agilité après 2014 l'ont probablement connue au travers de l'introduction d'importants cadres méthodologiques dans des grandes entreprises et/ou au travers de réflexions sur les processus.

Ils considèrent l'agilité comme un moyen d'apporter aux gens des changements plus difficiles et plus rapides en utilisant de meilleurs processus. Ce n'est pas leur faute, c'est la nature des idées. Une fois qu'elles ont été émises, elles sont susceptibles d'être tordues dans tous les sens.

J'ai écrit ce livre pour celles et ceux qui veulent faire une pause, prendre le temps de comprendre l'intention de l'agilité et revenir à la source des valeurs et des principes qui guide la façon dont nous agissons en tant qu'agents du changement.

Voici un exemple de ce à quoi s'attendre.

UNE HISTOIRE : UN CONTE SUR DEUX MENTALITÉS.

Il y a de nombreuses années, j'ai été invité à parler lors d'une conférence sur le changement traditionnel. Le modérateur ouvrit la conférence sur la façon dont ils allaient lancer l'évènement en faisant quelque chose d'agile et d'innovant appelé Forum Ouvert[2].

Quatre zones d'échanges ont été créées, selon des sujets prédéterminés, chacune avec un médiateur qui dirigeait la conversation. Les participants étaient assis en demi-cercle autour du médiateur. Ce dernier posait une question, quelqu'un y répondait, puis, après reformulation de la réponse, il enchaînait avec la question suivante.

Ce n'était ni innovant, ni agile, et très éloigné de ce qu'est un Forum Ouvert.

S'il eût s'agit d'un évènement agile, nous aurions eu un véritable Forum Ouvert. Il y aurait eu un tas de post-its et de papier au milieu de la pièce. Le médiateur aurait décrit les règles d'un Forum Ouvert. Ce jour-là aurait été organisé en fonction des sujets que les personnes voulaient aborder, et non en fonction des sujets choisis par le modérateur pour les faire parler.

Comment deux communautés différentes peuvent-elles utiliser la même pratique d'une manière complètement différente ?

Facile.

Chacune voit le monde à travers un ensemble de différents prismes basés sur ses valeurs et ses principes directeurs. La première valorise le contrôle et la structure, tandis que la seconde valorise la collaboration et la confiance.

Pire encore, suite à cette conférence sur le changement traditionnel, il y a aujourd'hui une armée de gens qui pensent qu'un Forum Ouvert est quelque chose qu'il n'est absolument pas.

POURQUOI EST-CE IMPORTANT ?

Dans son livre, *The New Kingmakers*³, Stephen O'Grady décrit cela en utilisant la comparaison avec l'effet du premier langage informatique qu'un développeur apprend. Il conditionne sa vision de la programmation, c'est pourquoi vous trouvez tant de développeurs de ressources uniques qui vous disent avoir une vingtaine d'années d'expérience, mais il s'agit d'une même année d'expérience répétée pendant vingt ans. Ils compareront tous les nouveaux langages avec leur véritable premier amour et rien ne les convaincra qu'un autre langage puisse être meilleur.

C'est vrai pour tous les humains. Nous tombons amoureux de la première nouvelle chose qui s'aligne avec nos croyances et ensuite nous comparons tout à elle.

Ce phénomène est appelé empreinte⁴, ou syndrome du caneton⁵. Alors rappelez-vous, lorsque vous voyez cet expert du changement agile vous montrant un diagramme de Gantt en y faisant référence comme à un tableau Kanban, ne marchez pas... fuyez en courant !

DÉCLINER LES PRINCIPES EN PRATIQUES.

Alors que le Forum Ouvert précède le manifeste agile de quelques décennies, le onzième principe agile en est une base solide :

Les meilleures architectures, spécifications et conceptions émergent d'équipes auto-organisées.

C'est logique pour les logiciels, mais qu'en est-il pour notre histoire de Forum Ouvert directif ? Adaptons ce principe à la situation :

La meilleure expérience d'apprentissage émerge de groupes auto-organisés de personnes inspirées par un sujet.

Qu'est-ce qui a empêché les organisateurs de ladite conférence d'utiliser le Forum Ouvert d'après son intention initiale ? Était-ce :

- **Un problème de compétences ?** Peut-être qu'aucun membre du comité organisateur n'avait participé à un Forum Ouvert digne de ce nom et ne savait comment cela fonctionnait.
- **Un problème de mentalité ?** La personne la plus dominante de l'équipe d'organisation était-elle celle qui serait blâmée si les personnes avaient une mauvaise expérience ?
- **Un problème de valeurs ?** Les organisateurs se comportaient-ils de façon incongrue ?
- **Un problème de principes ?** N'y avait-il pas des principes fondateurs à partir desquels opérer ?
- **Un problème de cible ?** Avaient-ils des idées préconçues de leur public ? Peut-être pensaient-ils que les participants les blâmeraient pour une mauvaise expérience due à un manque de cadre.

Il y a beaucoup de raisons qui auraient pu conduire à la décision d'animer le Forum Ouvert comme ils l'ont fait.

Tout ce que je sais, après avoir organisé beaucoup de conférences et de Forums Ouverts, c'est que quelqu'un demande toujours : *"Que se passe-t-il si personne n'a rien à dire ?"*

Vous avez peut-être lu cette histoire et pensé *"Où est le mal ?"*

Eh bien, ces centaines de personnes comptaient sur des experts pour leur montrer une pratique conçue pour provoquer des discussions utiles et pleines de sens. Pourtant, ce qu'ils ont appris était une façon différente d'orienter le débat pour faire parler les gens sur les sujets auxquels avaient pensé les organisateurs au préalable.

Ils vont retourner dans leur organisation respective et utiliser une pratique d'une façon inappropriée. Ensuite, ils se demanderont pourquoi cela n'a pas fonctionné.

COMMENT AI-JE CONÇU L'EXPÉRIENCE DE LECTURE DE CE LIVRE ?

J'ai conçu ce livre pour vous faire réfléchir, pas pour vous donner un autre cadre méthodologique de changement ou un manuel prêt à l'emploi :

- Vous faire connaître le manifeste agile, de sorte à vous familiariser avec ce qu'il est et comment il l'est devenu.
- Vous faire créer un manifeste du changement en adaptant les valeurs et les principes du manifeste agile à la conduite du changement.
- Tester ce que vous avez créé au travers d'un scénario.
- Partager ce que je crois être *la conduite agile du*

changement, à travers des histoires et des exemples de la façon dont j'utilise le manifeste agile pour guider mes actions.

Je vais passer en revue chaque valeur et chaque principe. Je donnerai des exercices succincts pour découvrir comment tirer le meilleur parti de tout ce qui existe déjà, sans créer un nouveau cadre méthodologique et sans jeter celui que vous utilisez actuellement.

Après cela, je vous donnerai un tas de pratiques et d'idées tirées du lean startup, de l'agilité et de la pensée design que j'ai utilisées, complétées par des illustrations et des histoires, de sorte à ce que vous voyez comment ces idées ont été utilisées dans la réalité des organisations. Vous en trouverez davantage sur Change Wayfinder[6].

Enfin, en cours de route, vous trouverez des URLs à visiter où vous pourrez vous connecter avec d'autres lecteurs pour voir ce qu'ils ont fait, afin que vos pairs puissent vous inspirer.

Mon but est de vous aider à percevoir plus d'options pour faire avancer le changement en le regardant à travers différents prismes. Une fois que vous aurez plus de choix et que votre intention de concevoir une intervention organisationnelle adéquate sera plus forte, le travail sera plus satisfaisant, les personnes plus heureuses et le monde sera meilleur.

ÊTRE AGILE OU FAIRE AGILE ?

"Nous voulons utiliser l'agilité sur ce projet, mais nous ne voulons pas que l'agilité se mette en travers de la route."

* * *

J'ai l'impression que cela fait une éternité, mais je n'oublierai jamais ma réponse à cette question apparemment saugrenue posée par deux cadres de l'un de mes clients, Jack, Directeur PMO, et Sally, Manager Senior du Développement : *"Bien, il y a seulement quatre valeurs, lesquelles dois-je ignorer ?"*

La même année, Sidney Crosby hissait sa première coupe Stanley, Avatar était en voie de devenir le film le plus populaire de tous les temps et le téléphone phare d'Apple était le 3GS.

Jack et Sally étaient les grands manitous d'un département d'un millier de personnes au sein d'une organisation de quatre-vingt milles personnes que j'appellerai Big Co, laquelle voulait adopter l'agilité à travers leur département. En fait, ce qu'*ILS* ne voulaient pas, quelqu'un d'autre l'a fait. Maintenant, avec le recul, je ne me souviens même pas pourquoi ce changement est survenu. Cependant, aujourd'hui, chaque organisation veut être plus agile en raison de la pression des pairs, mais à l'époque, qui savait pourquoi.

J'avais deux priorités principales chez Big Co :

- La première était de former tout le monde à faire agile. C'est vrai, tout le monde : des développeurs aux testeurs, des représentants métiers et des formateurs internes aux managers et aux dirigeants.
- La seconde était de travailler en tant que Scrum Master des équipes pilotes. J'ai travaillé avec plus de vingt équipes, y compris une équipe non-IT qui voulait utiliser l'agilité pour travailler sur des initiatives en rapport avec les processus métiers de l'entreprise, donc on peut dire sans hésitation que cette expérience fut pour moi une incroyable expérience d'apprentissage.

Notre équipe de coaching chez Big Co était constituée d'un coach agile senior, d'un coach Extreme Programming (XP)[1] et de moi-même.

Fait amusant : le coach XP était directement responsable de ma participation à la conférence AYE la même année, ce qui a influencé le chemin que j'ai pris. Il m'a dit que je *"devrais"* y aller, et que je *"devrais participer aux sessions qui me mettent mal à l'aise"*. Si je n'avais pas rencontré Jerry Weinberg, Esther Derby, Johanna

Rothman, Steve Smith, et Don Gray, les animateurs de l'AYE, vous ne liriez pas ceci, et je travaillerais probablement encore comme Product Owner quelque part. A vous de juger s'il aurait mieux valu ou pas !

Notre approche était alors plus ou moins la même que celle que je rencontre encore aujourd'hui dans de nombreuses organisations :

- Former tout le monde (l'agilité en général, les méthodes que nous avions décidé qu'ils allaient utiliser, etc.)
- Lancer des programmes pilotes.
- Mettre en place un logiciel de gestion agile.
- Déployer et mettre à l'échelle.
- Remplir le tonneau des Danaïdes (OK, je plaisante avec celle-ci, quoi que.)

ADOPTION AGILE CONTRE TRANSFORMATION AGILE.

À l'époque, cette approche était étiquetée comme *adoptant l'agilité*. Les gens ont commencé à s'appeler coachs agiles, même si ce titre n'était reconnu dans aucune des organisations que je connaissais. Mon titre officiel était consultant agile et je me souviens encore clairement avoir été ostracisé des cercles agiles pour avoir dit que nous étions simplement des consultants spécialisés en agilité.

Le contre-argument à ma conviction était qu'il y avait quelque chose de plus noble et de plus honorable à être un coach agile qu'un consultant agile.

À l'époque, le coach agile parcourait l'organisation, libre de toutes contraintes hiérarchiques. Aujourd'hui, nous avons des Centres Agiles d'Excellence (COEs) avec 7 niveaux hiérarchiques :

- Coach agile junior.
- Coach agile I.
- Coach agile II.
- Coach agile senior I.
- Coach agile senior II.
- Directeur de programme agile.
- Vice-Président chargé de l'agilité.

La Transformation agile n'existait pas encore, car la communauté agile, moi y compris, était désemparée face au changement organisationnel. L'agilité était vue comme une chose concernant uniquement les services informatiques, même si certains petits cercles de personnes savaient que ce n'était pas le cas. Le problème était que, à part crier "L'AGILITÉ AFFECTE TOUTE L'ORGANISATION !!!", la communauté agile ne pouvait pas décliner opérationnellement ce que cela signifiait.

À l'époque, l'Institut de Coaching Agile[2] n'existait que depuis un an et aucun des cadres méthodologiques agiles qui dominent le marché aujourd'hui n'existait. Scrum est devenu l'approche agile la plus populaire parce que c'était la formation et la certification les plus populaires à l'époque.

Alors que le terme de *coach agile* en était à ses balbutiements, Extreme Programming (XP) a introduit le rôle de coach dans les années 90. La responsabilité du coach XP était d'aider les équipes à vivre le manifeste agile. Bien que les parties techniques étaient avant-gardistes, l'accent a toujours été mis sur le premier principe agile : satisfaire le client en livrant continuellement et au plus tôt des fonctionnalités à haute valeur ajoutée.

En dehors du monde du coaching professionnel, je n'ai trouvé aucune référence antérieure au terme de coach dans un contexte informatique.

L'AGILITÉ DE BON SENS.

Quelques années avant de commencer à travailler chez Big Co, j'ai découvert l'Agilité avec un grand A par accident.

Alors que je travaillais dans ma seconde startup, nous utilisions des mêlées quotidiennes (Scrum) et des rétrospectives (Scrum) tout en limitant notre travail en cours à un gros projet et à deux petits projets simultanément (Kanban).

Curieusement, j'ai découvert l'Agilité par l'intermédiaire de mon père, qui a travaillé comme chaudronnier pendant trente ans. Ils ont utilisé beaucoup de pratiques agiles à une époque où les Broad Street Bullies dominaient le hockey. Vous pouvez même en voir dans un Walmart si vous y allez assez tôt dans la journée. Ils font des *mêlées quotidiennes d'entreprise*, comme le font de nombreux détaillants, restaurants et entreprises non-IT.

Notre équipe était responsable des nouveaux développements, de la gestion du catalogue multimédia, du support et de la maintenance chez Big Co. La façon dont nous travaillions *fonctionnait* pour nous. Comme notre entreprise est passée de 3 à 30, puis à 200, nous avons adapté nos processus à l'équipe et non l'inverse.

C'était si naturel; c'était collaboratif et direct, alors une fois que j'ai rejoins Big Co, j'ai fait l'erreur de penser que le changement organique pourrait fonctionner aussi. Je me souviens encore de l'emplacement exact du bureau de Jack, dans lequel j'ai eu cette conversation initiale qui ressemblait plus à un préavis de grève de sa part. Il a fallu quelques années pour que je comprenne ce que Jack et Sally étaient en train de me dire :

Si le projet court à la catastrophe, ce sont nos oignons, pas les vôtres ni ceux de l'équipe.

Au cours de la prochaine décennie nous verrons l'expansion et la chute de divers mouvements agiles comme la phase d'évaluation de maturité, les débats 'faire contre être', la phase de cadrage et la phase de certification basées sur un schéma pyramidal.

Maintenant je dirais que nous sommes dans la phase <*fonction + agile*>, ce qui va à l'encontre du but. Si tous nos départements fonctionnels sont 100% agiles, nous avons optimisé les parties, pas l'ensemble.

C'est la différence fondamentale entre la façon dont les agilistes perçoivent l'agilité et celle dont les agents traditionnels du changement la perçoivent.

Les agilistes ont fait, sans le savoir, de la conduite du changement organisationnel et ont cherché à comprendre comment donner du sens à ce qu'ils voyaient. Les agents traditionnels du changement ont appliqué des méthodes et des cadres méthodologiques de conduite du changement et veulent maintenant appliquer des méthodes et des cadres méthodologiques de changement agile.

L'une est centrée sur les gens, l'autre ne fait que prétendre l'être.

L'une est centrée sur le problème, l'autre est centrée sur la solution à un problème inconnu.

Laissez-moi clarifier ces derniers points.

Nous faisons tous de notre mieux avec ce que nous avons[3] en fonction de qui nous sommes et de comment nos expériences ont façonné la façon dont nous voyons le monde.

Ce n'est pas parce que quelqu'un, afin de satisfaire la gouvernance, prend des notes lors d'une mêlée quotidienne que cela en fait un idiot. Je crois que l'intention de la plupart des agents du changement est bonne, qu'il s'agisse de coachs agiles, d'agents du changement, des représentants des Ressources Humaines, et plus encore. Parfois, elle se manifeste en apparaissant comme un signe d'arrogance, mais l'intention est toujours d'être utile.

Les grands agents du changement commutent le *moi* en *nous*, donc j'espère que ce livre vous donnera des idées et quelques prismes différents pour vous aider à en faire de même.

DEVENIR PLUS PLEINEMENT HUMAIN

La façon dont nous nous comportons en tant qu'agents du changement découle de quelle personne nous sommes. Cela comprend la manière dont nous avons grandi, le lieu où nous avons grandi, la période à laquelle nous avons grandi et toutes les expériences personnelles et professionnelles que nous avons vécues.

Dans son fantastique livre, *L'esprit organisé*[1], Daniel Levitin décrit comment chaque génération a ses inquiétudes :

- Lorsque les gens ont inventé l'écriture pour garder un historique, certains pensèrent que ne pas emmagasiner ces histoires dans notre cerveau nous rendrait stupides.
- Quand la télévision fut inventée, la génération précédente, qui a grandi sans, pensa que cela rendrait leurs enfants stupides.
- Lorsque les tablettes furent inventées, les parents, qui

ont grandi sans, pensèrent que cela rendrait leurs enfants stupides.

Je suis sûr que lorsque l'intelligence artificielle, la réalité virtuelle et avoir des puces dans la tête deviendront la norme, cette génération dira quelque chose comme : "De mon temps, nous n'avions pas de puces d'ordinateur pour nous dire quoi faire… nous n'avions qu'à chercher sur Google."

Selon l'avis de Levitin, les humains sont paresseux. Nous créons de la technologie pour décharger des activités de notre cerveau afin de nous concentrer sur des problèmes plus complexes.

Plus je vieillis, plus je suis détendu et pragmatique. Je pense.

Je me souviens de ma première mission de coaching agile où ils allaient mettre en place l'agilité de la "bonne manière", quel que soit le contexte.

Je suis sûr que l'idée de ce livre ou que sa structure vont perturber certaines personnes. Voici la meilleure façon de résumer pourquoi je l'ai organisé ainsi :

- Nous vivons dans une société rapide et qui reste à inventer. Si vous pouvez le transposer d'un contexte logiciel à un contexte non-logiciel, tout ce dont vous avez besoin pour être plus agiles est contenu dans le manifeste.
- La façon dont vous utilisez les pratiques est déterminée par les principes que vous vivez, pas par les principes de ses créateurs.
- Ces principes sont influencés par un ensemble de

valeurs fondamentales. Vos valeurs sont différentes des miennes, elles-mêmes différentes de celles des créateurs des pratiques que vous utilisez.
- Ces valeurs ont émergé du plus profond de votre être.
- Le noyau de qui vous êtes est façonné par votre éducation.
- Le noyau de qui vous êtes est continuellement renforcé par vos expériences.

Mais, et c'est énorme :

Vous pouvez consciemment choisir de changer si vous êtes prêts à y travailler.

Rappelez-vous l'histoire du chapitre 3 : comment lire ce livre ? Les organisateurs de cette conférence étaient des gens intelligents et compétents qui n'ont pas su profiter de la liberté et de la puissance d'un Forum Ouvert digne de ce nom.

Si quelqu'un avait convaincu le reste des organisateurs de lui donner une chance et de faire un véritable Forum Ouvert, qui sait comment cela aurait influencé les participants.

Dans Lean Change Management, j'ai fait référence aux bases du modèle du changement de Satir. Ici, je vais vous présenter brièvement trois autres parties des travaux de Satir[2]:

1. Les positions d'adaptation.
2. Les cinq libertés.
3. Les sept A : étapes de croissance et d'actualisation.

LES POSITIONS D'ADAPTATION.

Au cœur des travaux de Satir, toute interaction se trouve en nous-mêmes, avec les autres et selon le contexte. *Les autres* peuvent inclure un partenaire, un collaborateur, un groupe de personnes. Le *contexte* est la situation ou le conteneur de l'interaction entre nous et les autres.

Apaisement: Lorsque nous nous ignorons et intériorisons le stress du contexte. "Oh ! Je suis désolé ! C'est ma faute ! Je ferai tout ce dont vous aurez besoin."

Blâme : Lorsque nous ignorons l'autre et que nous extériorisons le stress du contexte. "Idiot ! Tu as merdé ! C'est ta faute !"

Impertinence : Lorsque nous ignorons le contexte et que nous dévions le stress du contexte. [En réponse à votre collaborateur qui vient de se faire renvoyer] "Eh bien ! Je suppose que tu n'auras jamais plus à te lever tôt !"

Super-raison: Quand nous ignorons les autres et nous-mêmes au seul profit du contexte. "Peu importe ce que l'un ou l'autre d'entre nous pense, le changement doit être fait."

Congruence: Quand nous considérons le contexte, les autres et nous-mêmes. "Je suis triste que tu sois renvoyé, mais je ne suis pas en mesure de traiter cela maintenant alors es-tu d'accord pour que je t'appelle demain ?"

LES CINQ LIBERTÉS.

1. La liberté de voir et d'entendre ce qui est ici, au lieu de ce que ce "devrait" être, de ce que ça a été ou de ce que ce sera.
2. La liberté de dire ce que vous pensez et ressentez, au lieu de ce que vous "devriez" penser et ressentir.
3. La liberté de ressentir ce que vous ressentez, au lieu de ce que vous "devriez" ressentir.
4. La liberté de demander ce que vous voulez, au lieu de toujours attendre une permission.
5. La liberté de prendre des risques en votre propre nom, au lieu de choisir d'être uniquement "sûr et certain."

J'ai appris de Jerry Weinberg, à la conférence AYE, que les choses ne sont pas ce qu'elles devraient être.

LES SEPT A.

Les sept A sont regroupés en trois paquets, représentant notre processus interne du changement, interagissant avec les autres et intégrant enfin le changement au plus profond de nous.

Paix : La paix intérieure.

Prise de conscience (Awareness) : Prendre conscience du désir de changer. Cela peut signifier changer par nécessité (mon entreprise a fait faillite et je vais me retrouver sans emploi dans un mois) ou changer par mal-être vis-à-vis du statu quo (Je n'aime pas mon métier, je veux changer de carrière.)

Acceptation : Non pas l'acceptation du changement mais l'acceptation de qui nous sommes. Acceptez-vous tels que vous êtes, les changements significatifs arriveront ensuite.

Paternité (Authorship) : Prendre possession du changement et se rendre compte que vous avez plus de choix que ce que vous croyiez initialement.

Paix : La paix entre partenaires dans une relation.

Articulation : Communiquer notre intention de vouloir changer, et éventuellement demander de l'aide aux autres.

Application : Pratiquer les nouveaux comportements résultant du changement.

Activisme : Devenir des agents du changement qui aident les gens à traverser ce que nous venons juste de traverser.

Paix : La paix entre les participants dans une communauté plus grande.

Altruisme : Devenir congruent (valoriser nous-mêmes, les autres, dans n'importe quel contexte).

Pourquoi cela compte-t-il pour moi ?

Ce n'est qu'une légère plongée dans l'univers de Satir qui, je crois, est adapté à ce livre. Je vous recommande de visiter satir-global.org pour en apprendre davantage. Lorsque nous sommes conscients de qui nous sommes, et que nous l'acceptons, nous sommes mieux préparés à intégrer plus humainement le monde qui nous entoure.

Revenons à l'histoire du Forum Ouvert.

Il semble peut-être que je suis en train de faire des reproches. Cela n'est pas mon intention. Une fois de plus, rappelez-vous que ce livre a l'intention de vous aider à devenir congruents avec la façon dont vous vous comportez lorsque vous dites que vous voulez être plus agiles dans la conduite du changement.

Supposons que l'organisateur principal ait décrit le Forum Ouvert puis ait dit : "Aucun d'entre nous n'avons essayé cela avant, alors nous ne savons pas ce qui passera. Notre intention est d'explorer des sujets pointus qui sont importants pour vous. Nous aurons donc une courte rétrospective par la suite pour savoir ce que vous en avez pensé."

Ça aurait peut-être pu tout changer.

VERSION BÊTA 1.0 ? C'EST QUOI CE BORDEL ?

Nous voici en octobre 2020. Je fais l'épreuve finale de ce livre. Je l'ai publié en version Bêta 0.1 en août, j'ai obtenu des commentaires en retour, j'ai obtenu la validation des idées puis j'ai embauché un réviseur de contenu digne de ce nom pour aider ! Écrire un livre est indubitablement un effort énorme dont le rendement pose question.

Qui sait si quelqu'un aimera mes idées. Donc, au lieu de faire ce que j'ai fait avec Lean Change Management (trouver un producteur, des lecteurs, des groupes cibles, des graphistes, une structure d'édition et un imprimeur, etc.), j'ai décidé de l'écrire, de le corriger avec Grammarly et de le mettre à disposition tel quel.

Ce livre a eu le même effet qu'un sac de lait qui fuit. (Oui, au Canada, le lait est emballé dans des sacs. Bizarre, hein?)

Un artiste, que je suis sur les réseaux sociaux, a publié une série télévisée de cette façon. Un jour, elle a été présentée sans événement promotionnel. J'aime cette approche car avec autant de battage médiatique et d'anticipation, il n'y a plus moyen que le produit soit à la hauteur, surtout dans le monde d'aujourd'hui.

Le plus drôle, c'est qu'il y avait quelques coquilles dans la première version et que quelques personnes ont ressenti le besoin de le souligner sur Amazon. Si vous trouvez une faute de frappe et que C'EST votre plus grosse plainte, eh bien, c'est très bien pour moi.

J'ai un CD d'un artiste majeur à l'époque où les titres sur la jaquette ne correspondaient pas avec l'ordre réel des chansons. Cela ne m'a pas fait haïr leur musique.

Là où je veux en venir est que le retour d'avoir trouvé quelques fautes de frappe ne vaut pas la peine d'un effort, surtout avec des idées non testées. Je vais donc le retirer de Google et déposer une autre version Bêta de ce livre. Rappelez-vous qu'il vit sur changewayfinder.com !

NI BIEN, NI MAL, NI INTELLIGENT, NI STUPIDE !

Vous avez déjà lu quelques histoires, et il y en a davantage dans les chapitres suivants.

Je raconterai des histoires dans lesquelles les agents du changement ou les organisations ont fait des choses qui me semblaient n'avoir aucun sens. Nous vivons dans un monde obsédé par bien faire les choses dès la première fois.

Diable ! Même les agilistes diront: *"Expérimentez et échouez vite !"* Pourtant, la première fois, ces mêmes personnes châtieront les entreprises pour ne pas avoir fait correctement les choses !

Je vous raconte ces histoires sans les pointer du doigt ni les blâmer pour les choses qu'ils ont faites. Ce n'est pas mon intention.

Mon intention est de vous aider à trouver des options qui vous permettront de trouver les expérimentations adaptées à votre contexte. N'évitez pas de perturber le système parce que ce sera difficile, et inversement ne perturbez pas le système juste pour le perturber.

Je crois que tout le monde fait de son mieux avec ce qu'il a, avec l'environnement dans lequel il se trouve.

Je crois aussi qu'il y a suffisamment d'idées existantes pour que, si nous nous arrêtons tous et regardons autour de nous de temps en temps, nous trouvions la bonne inspiration pour laisser le monde dans un meilleur état que celui dans lequel nous l'avons trouvé.

J'espère que ce livre vous inspirera.

PARTIE I - MANIFESTE DE LA CONDUITE MODERNE DU CHANGEMENT

"Nous allons faire un sprint sur une épopée. Entrez et aidez l'équipe."

* * *

Il y a de nombreuses années, je travaillais avec une équipe marketing qui voulait adopter l'agilité. J'avais travaillé avec leurs équipes IT un an auparavant, et maintenant certains groupes et certaines divisions hors-IT de cette entreprise voulaient l'utiliser.

Le Vice Président du Marketing et du Digital voulait un coach agile pour aider une équipe pilote à utiliser des pratiques agiles pour effectuer les tâches plus efficacement. J'avais eu de bonnes relations avec le marketing lorsque je travaillais avec leurs équipes IT, donc ce fut un cap facile à franchir pour moi.

Si vous faites courir le bruit d'une *transformation agile*, il s'agit d'un changement spécifique organisationnel, et il est essentiel d'y penser comme tel :

- Pourquoi voulaient-ils *ce* changement ?
- Pourquoi les équipes marketing s'en soucieraient-elles et voudraient-elles travailler différemment ?
- De quelles aides et de quels soutiens les personnes avaient-elles besoin ? Voudraient-elles vraiment de l'aide pour devenir plus agiles ?
- Dans quelle mesure le processus de transformation devrait-il être transparent ?
- Quel est le point d'entrée dans l'équipe et comment pouvons-nous démarrer ?

Peu importe le changement, il y a toujours une certaine quantité de préparation au changement qui doit se produire. Mais elle n'a pas besoin d'être digne d'une grande production.

Dans ce cas, les dirigeants avaient déjà décidé de faire le changement, donc mon approche était simple :

- Concevoir un lancement pour l'ensemble des acteurs (Vice-Présidents, managers et les membres de l'équipe pilote).
- Demander aux Vice-Présidents d'expliquer pourquoi cela était important pour eux et pour l'organisation.
- Échangez à propos de l'*épopée* sur laquelle ils allaient organiser leur *sprint*. (J'expliquerai ce que cela signifie plus tard !)

- Faire les formations basiques et embarquer l'équipe à laquelle je faisais référence lors du lancement.
- Créer un contrat de coaching entre moi et l'équipe, afin que nous sachions tous ce qui était attendu, quelles étaient les limites, etc.

Avant de continuer, rappelez-vous que j'ai dit que les dirigeants avaient déjà *décidé* de faire le changement. Beaucoup d'agents du changement tombent dans le piège du *il faut que* avant même de commencer. C'est-à-dire qu'ils pensent qu'ils faut exécuter aveuglément l'ordre donné par les dirigeants.

Bien que les dirigeants eussent déjà décidé de rendre le marketing agile, dans ce cas, il était toujours de ma responsabilité de démêler le problème pour le résoudre et pour guider les personnes sur la façon de s'y prendre. Par chance, ils voulaient que les programmes marketing se produisent plus rapidement. Donc, une fois que les équipes seront conscientes de cela, elles trouveront certainement une solution simple qui ne nécessitera pas une grosse transformation.

Pendant le lancement avec le marketing, nous nous sommes mis d'accord sur un processus simple, pas de PowerPoints, une communication directe en face-à-face, des boucles de rétroaction courtes et un contrat d'équipe.

Un petit aparté rapide concernant le PowerPoint. Pendant le lancement, j'ai plaisanté : *"Oh ! Et ce n'est pas agile de créer un PowerPoint de 43 pages avec les résultats. J'ai juste besoin que vous tous (j'ai pointé du doigt tous les Vice-Présidents), vous descendiez dans cette salle en fin de semaine et nous vous montrerons ce que nous aurons fait en 30 minutes ou moins."* Ils ont accepté car ils ont admis qu'ils n'ont jamais lu et jamais aimé la culture de la communication par PowerPoint.

Donc, revenons au passage à l'agile de l'équipe marketing.

Nous avons commencé par explorer ce que agile signifiait pour eux dans leur contexte, ce qui signifiait commencer avec le manifeste agile :

> Les individus et les interactions plus que les processus et les outils.
> Un logiciel fonctionnel plus qu'une documentation exhaustive.
> La collaboration avec le client plus que la négociation d'un contrat.
> L'adaptation au changement plus que le suivi d'un plan.

Il y a deux façons d'utiliser ce manifeste. Tout d'abord, je l'ai utilisé pour me guider dans la construction de la réunion de lancement de l'équipe. En considérant que les Vice-Présidents, les managers et l'équipe étaient le logiciel à développer de façon agile, comment pourrais-je aborder son développement?

Deuxièmement, j'ai donné à l'équipe le manifeste et leur ai demandé de décider ce que cela signifiait en termes marketing. La façon dont nous avons travaillé était dérivée de la façon dont l'équipe concevait le manifeste dans leur contexte.

S'APPROPRIER LA SIGNIFICATION DE AGILE.

"Nous allons faire un sprint sur une épopée" - l'ouverture de ce chapitre sonne un peu bizarre. *Epopées* (Epic) signifiaient *projets* et *User Stories* signifiaient *tâches ou étapes de l'expérience client*. L'équipe marketing utilisait ces termes parce que la plupart de l'équipe avait suivi la formation Scrum Master et ils avaient essayé de faire correspondre ce qu'ils avaient appris avec leur réalité :

- Faire un sprint signifiait être affecté à une équipe marketing pluridisciplinaire qui appliquerait Scrum.
- Le sprint sur une épopée signifiait la période d'une semaine sur laquelle ils allaient travailler sur le projet.
- L'Epic owner était le product owner.

Voici le point crucial : alors qu'ils n'utilisaient pas les bons termes, ils avaient au moins essayé de les adapter à leur contexte. Je n'allais pas accorder plus d'importance au langage.

Rappelez-vous, le but de ce livre n'est pas de vous enseigner Scrum, donc si vous voulez plus de détails, regardez la courte vidéo de Lyssa Adkins[1].

Pour nos besoins, voici un aperçu de Scrum. Supposons que :

- Nous avons une équipe pluridisciplinaire avec des personnes qui ont les compétences nécessaires à la livraison de la solution. Ceci inclut les responsables du changement si nécessaire.
- Nous travaillons sur des itérations d'une semaine.

- Nous travaillons sur un cycle de livraison d'un mois (oui l'objectif est d'avoir un produit potentiellement livrable à chaque fin de sprint, mais supposons qu'il y ait une contrainte extérieure nous empêchant de changer en ce moment).

- La semaine commence par une planification de sprint.
- Nous faisons une mêlée quotidienne de 15 minutes afin de se coordonner.
- Nous faisons une session d'affinage en milieu de semaine pour préparer les user stories du sprint suivant.
- Nous tenons des revues de sprints et des rétrospectives en fin de semaine.

Voici comment nous avons adapter Scrum à la réalité de l'équipe marketing :

- Nous avions une équipe marketing pluridisciplinaire représentant six sous-départements marketing.
- Nous utilisions des sprints d'une journée.
- Le cycle de livraison était d'une semaine.
- Nous commençons chaque jour par une session de planification de trente minutes.
- Nous faisions des mêlées quotidiennes à 13h00.
- Nous faisions une revue de sprint avec l'*Epic owner* tous les jours à 14h30, suivie d'une courte rétrospective.
- Nous clôturions la journée, uniquement avec l'équipe, par une rétrospective digne de ce nom et une session d'affinage pour être prêts le lendemain.

Alors que nous avons enfreint certaines règles de Scrum, les bénéfices furent identiques. Nous :

- **N'avons pas eu d'échanges** avec des sous-départements marketing en aval puisqu'ils étaient représentés dans l'équipe Scrum.
- **Avons reçu des retours rapides** de la part des *Epic owners*, même s'ils ne pouvaient pas être avec l'équipe à temps plein.
- **Avons mené un processus empirique** qui a évolué au fil du temps et d'équipes en équipes.
- **Avons fait confiance à l'équipe pour s'auto-organiser.**

Les résultats.

- **Terminer en une semaine** ce qui prenait habituellement trois mois, selon le Vice-Président du marketing. Ce n'était pas magique; c'était grâce à la focalisation et à la suppression complète des échanges.
- **Ceci a donné naissance à sept autres expérimentations d'équipes marketing,** qui ont toutes fonctionné plus ou moins de la même façon, à l'exception d'un sprint de mise sur le marché qui a lamentablement échoué.
- **Un changement de l'ensemble du processus du programme marketing.** Ils ont créé une analogie routière pour mieux gérer leur processus de *sprint sur une épopée*. Si l'incertitude était élevée, ils utilisaient la voie réservée aux véhicules à occupations multiples HOV (en France, l'analogie correspond aux voies réservées aux bus et aux taxis). Si l'incertitude était

faible, pour des initiatives de mise sur le marché par exemple, ils restaient sur la voie normale.

Essentiellement pour les nouvelles épopées, ils décidaient du processus à suivre. Ils ont appris que le nouveau processus ne s'appliquait pas du tout au statu quo ou au travail répétitif.

C'est pourquoi j'ai mentionné tout à l'heure que le sprint de mise sur le marché avait lamentablement échoué. L'équipe savait précisément quoi faire, combien de temps cela prendrait et combien cela coûterait. L'effort pour changer ce processus était élevé et a aggravé l'exécution.

Les approches agiles fonctionnent mieux lorsque l'incertitude est élevée. Cela ne signifie pas qu'elles ne fonctionnent pas pour les travaux prédictibles et répétitifs, cela veut dire que vous aurez un choix à faire. L'effort de changement dans le but d'avoir un processus cohérent entre les équipes pourrait ne pas en valoir la peine.

CONDUITE MODERNE DU CHANGEMENT ?

Qu'y-a-t-il de si moderne là-dedans ? Cela me semble être de la bonne facilitation. Voici la différence :

Dans la conduite traditionnelle du changement, vous devez :

- Créer une cartographie des parties prenantes, un énoncé de vision, un plan d'atténuation de la résistance, etc.
- Faire une évaluation de la maturité du département

marketing dans son ensemble (environ six cents personnes).
- Affecter un chef de projet pour gérer les choses.
- Concevoir de façon isolée un modèle standard de processus que toutes les équipes utiliseront.
- Le tester sur quelques équipes ou projets pilotes.
- Le dérouler s'il fonctionne, le modifier puis le dérouler s'il ne fonctionne pas.
- Clôturer l'initiative.

Dans la conduite moderne du changement, vous devez :

- Co-créer une voie à suivre avec des discussions facilitées (le lancement que j'ai fait qui impliquait tout le monde lors de la première expérience).
- Valider les hypothèses (prendre des mesures plus tôt, inclure les parties prenantes à la fin de chaque expérimentation et utiliser ces apprentissages pour les expérimentations suivantes).
- Créer un processus adaptable piloté par les équipes (leur analogie routière).
- Donner aux équipes la liberté de créer leur propre processus unique adapté à un ensemble de contraintes raisonnables.
- Avoir comme avocats, et comme 'formateurs' des nouvelles équipes, des personnes qui ont participé aux premières expérimentations.

La différence fondamentale est que la conduite moderne ***donne le choix à l'organisation.*** C'est pourquoi je l'utilise. Si j'avais suivi une recette agile prête à l'emploi avec eux, ça aurait été une mauvaise approche. En prenant la position de coach et en résolvant des problèmes en apportant des idées modernes, je leur ai donné le choix sur la façon de procéder.

J'ai vu cela à maintes reprises au fil des ans. Le cabinet de conseil impose son modèle à l'organisation et oublie le contexte. Jerry Weinberg appelle cela *faire passer le changement par le trou du plancher*[2].

L'approche que j'utilise ressemble davantage à son approche de diffusion[3], qui ressemble plus à l'ajout de lait dans le café. Et non, Niels Plfaeging n'a pas inventé ce terme[4] mais j'adore son travail !

COMMENT PASSER DU TRADITIONNEL AU MODERNE ?

Dans le chapitre suivant, je vous montrerai spécialement comment j'ai adapté le manifeste agile à ce changement et comment l'équipe a adapté le manifeste agile à leur contexte non-IT.

Mais tout d'abord, je veux que vous créiez un manifeste du changement qui capture l'esprit du manifeste agile. Je pratique cet exercice dans mes ateliers depuis 2014 et il est toujours intéressant de voir comment les personnes transposent le manifeste agile d'un contexte logiciel à un contexte de changement.

Voici votre tâche.

Vous avez été désignés pour créer un processus agile de conduite du changement. En utilisant le manifeste agile comme guide, comment le réécrire pour convenir à un contexte de conduite du changement ?

Voici quelque chose pour vous aider à démarrer. Le manifeste agile dit *un logiciel fonctionnel plus qu'une documentation exhaustive.*

En tant qu'agents du changement, nous ne *livrons pas de logiciel*, alors comment adapteriez-vous cela ?

Dans le prochain chapitre, je vous donnerai plus d'instructions détaillées si vous êtes coincés. Découvrez ce que d'autres ont imaginé sur changeagility.org[5]. Si vous êtes assez courageux, vous pouvez aussi partager votre manifeste non-IT sur le même site.

VOTRE MANIFESTE DU CHANGEMENT

*H*eureusement, vous n'avez pas fait l'impasse sur le chapitre comprenant quelques exemples ! Je suppose que cela importe peu si vous l'avez fait, mais j'aime toujours documenter mes pensées dans un premier temps avant de voir comment les autres pensent.

Voici les instructions pour l'exercice que je fais dans mes ateliers :

Compte-tenu des quatres valeurs du manifeste agile, comment écririez-vous un manifeste du changement qui capture l'esprit du manifeste agile pour guider la façon dont vous abordez la conduite du changement ?

Par exemple, la seconde valeur du manifeste agile est *un logiciel fonctionnel plus qu'une documentation exhaustive*. Supposons que vous travaillez sur une réorganisation et que vous ne livrez pas de logiciels.

COMMENT ADAPTERIEZ-VOUS CETTE VALEUR EN FONCTION DU CONTEXTE ?

Les consignes de cet exercice sont simples :

- Vous pouvez avoir autant de valeurs que vous voulez. Vous n'avez pas besoin d'en avoir seulement quatre parce que le manifeste agile en a quatre. Vous pouvez en avoir plus, vous pouvez également en avoir moins.
- Si vous voulez "appliquer l'agilité à la conduite du changement", votre manifeste devrait en capturer l'essence.
- Après avoir créé votre manifeste, je vous donnerai un petit scénario pour le tester, avec un lien où vous pourrez voir ce que d'autres ont fait avec le même scénario.

LA PARTIE LA PLUS DIFFICILE.

Il est temps pour vous de travailler un peu ! Vous pouvez lire ce livre sur eReader, alors prenez un morceau de papier, ou un tableau blanc et réfléchissez.

Comparez votre manifeste avec d'autres sur changeagility.org

PARTIE I - MANIFESTE DE LA CONDUITE MODERNE DU CHANGE...

THÉORIE PROMULGUÉE CONTRE THÉORIE ADOPTÉE.

Le monde des affaires d'aujourd'hui est pollué par des réponses faciles. Je pourrais déclarer : *"Peu importe à quel point vous êtes agiles, les meilleures organisations se concentrent sur les résultats"* et certaines personnes sauteraient de leur siège en criant : *"OUI !!! Vous avez TEEEELLEMENT raison !!!"*

C'est intéressant et vous pouvez y croire mais ce n'est pas utile.

Maintenant que vous avez votre manifeste du changement, voici votre scénario :

Le changement sur lequel vous travaillez ne se passe pas bien du point de vue de votre commanditaire exécutif. Elle vous envoie un courriel exigeant que vous utilisiez une feuille de route de douze mois, incluant toutes les activités et indicateurs spécifiques que vous allez utiliser pour assurer le succès du changement.

Vous souhaitez y répondre par une approche agile. Pensez ou écrivez ce que vous feriez en utilisant votre manifeste de la conduite agile du changement comme guide.

LES INTERACTIONS ENTRE INDIVIDUS.

Voici la petite histoire dans laquelle j'ai puisé l'inspiration de cet exercice. Une organisation gouvernementale s'est engagée dans un changement pluriannuel qui toucherait huit milles personnes à son terme. Le directeur du programme, Jimmy, avait regardé une conférence que j'avais donnée lors d'un événement local sur le changement et voulait essayer certaines de ces idées agiles.

Nous nous sommes rencontrés pendant quelques heures et la chose la plus simple qu'il ait convenu de faire était de mettre en place un grand management visuel sur un mur, d'inviter les parties prenantes devant celui-ci une fois par semaine plutôt que de rédiger des rapports d'avancement et de piloter des réunions quotidiennes avec l'équipe du changement.

C'est tout - pas de gros plans, pas de PowerPoint de soixante treize pages, j'en passe et des meilleures. L'accent a été mis sur la facilitation des interactions entre les individus plutôt que sur la construction d'un processus complexe de conduite agile du changement. Voici le courriel qu'il m'a envoyé plus d'un an plus tard :

"Le projet se déroule plutôt bien !! Nous commençons les tests de l'itération 3 et nous sommes sur le point de démarrer le 1er juin. Je suis convaincu que les choses ne seraient pas aussi bonnes ou ne se seraient pas déroulées aussi bien sans les principes et les idées du «Lean Change» que vous nous avez communiqués dès le début.

En fait, nous avons reçu un soutien enthousiaste de la direction pour retarder la mise en service du système de 6 semaines exclusivement pour traiter les risques et les informations sur le changement identifiées sur la base de votre prémisse que «les personnes qui aident à faire le changement ne combattent pas le changement». Nos partenaires de mise en œuvre SAP pensent que nous sommes fous de consacrer tant de temps et d'efforts à la gestion du changement.

J'adore le tableau Kanban !! J'ai perdu le compte du nombre de problèmes que nous avons résolus; les mines terrestres et les nids-de-poule que nous avons évités lors de nos réunions rétrospectives hebdomadaires de 30 minutes au tableau Kanban.

Vous trouverez ci-joint un diaporama de mise à jour du projet que nous avons présenté à la direction il y a quelques semaines."

C'EST VOTRE CHOIX.

J'ai raconté cette histoire à de nombreuses organisations et certains ont dit : *"Eh bien, cela ne fonctionnera jamais ici…nous sommes une entreprise mondiale…bla bla bla."*

C'est à peu près aussi logique que de dire : *"J'ai essayé de jouer au hockey; le hockey ne fonctionne pas."*

Cette approche a fonctionné pour Jimmy parce qu'il était le catalyseur qui voulait que cela fonctionne. Il a influencé les autres avec une énergie positive et les sceptiques ont changé d'avis sur le chemin. Ce n'était pas obligatoire. Il savait juste que c'était ce qu'il y avait de mieux à faire dans cette situation alors il a agi.

Depuis 2014, j'ai visité beaucoup d'organisations dans différents secteurs d'activités à travers douze pays et le modèle a toujours été le même : un agent du changement passionné qui fédère les gens autour de lui pour faire fonctionner ses idées. Les agents du changement sont à la recherche du prochain processus magique ou des meilleures pratiques, ce qui fonctionne rarement, non pas de leur faute mais parce que le changement sur lequel ils travaillent n'est pas nécessaire.

Je n'ai jamais été un grand fan du terme *état d'esprit* parce que je pense qu'il est utilisé comme un bâton, autrement dit : *"J'ai un état d'esprit de croissance, mais ces idiots avec qui je travaille ont un état d'esprit rigide, comment puis-je les changer ?"*

Certains diront que tout ce que je décris dans ce livre concerne l'état d'esprit d'un agent du changement mais je veux éviter ce langage afin de regarder le changement à travers différents regards.

Souvenez-vous que **vous avez le choix**. Restez fidèles à qui vous êtes et, si vous croyez en votre manifeste, il inspirera les autres à aborder le changement différemment.

Maintenant que vous avez créé votre manifeste du changement, je vais vous montrer les deux façons dont nous avons utilisé le manifeste agile pour guider la manière dont j'ai abordé le changement avec l'équipe marketing et comment ils l'ont utilisé pour aborder leur travail non-IT.

LES INDIVIDUS ET LES INTERACTIONS

Nous reconnaissons la valeur des seconds éléments, mais privilégions les premiers.

* * *

Beaucoup semblent omettre cette note de bas de page[1] du manifeste agile et en conclure immédiatement que l'agilité est contre les processus et les outils.

L'agilité s'en moque. Ce sont les agilistes qui font cette hypothèse basée sur *leurs* croyances. C'est pourquoi, vous voyez autant de divergences et de conflits entre les différents camps agiles. Les pro-Kanban ont leur style, les pro-Scrum ont le leur et les pragmatiques ignorent surtout tous ces bruits et font ce qu'il faut pour que cela fonctionne.

Nous pensons tous que nous sommes pragmatiques, mais c'est faux. J'ai été un zélote de Scrum pendant des années; puis j'ai accepté que j'avais été embauché pour aider les gens à résoudre leurs problèmes et pas pour mettre en place des méthodes.

COMMENT AI-JE CHANGÉ MON APPROCHE DU CHANGEMENT ?

Dans un chapitre précédent, j'ai mentionné l'approche par le trou du plancher de Jerry Weinberg. Les gens au sommet décident du changement et le jettent métaphoriquement par le trou dans le plancher sur le reste de l'organisation. Charge ensuite aux agents du changement d'en assurer la réussite.

Avec cette équipe marketing, les gens au sommet avaient décidé qu'ils voulaient que les collaborateurs travaillent d'une manière plus agile, donc j'ai défini les contraintes en me basant sur la première valeur agile : *les individus et les interactions plus que les processus et les outils.*

La norme aurait été pour moi, agent du changement, de partir de zéro, de créer un plan, de le faire approuver, de convaincre puis de passer en mode exécution.

Au lieu de cela, j'ai éliminé le gaspillage en fixant, dès le lancement, la contrainte dont tout le département avait besoin pour être impliqué. Je n'avais PAS de processus; je n'avais qu'un méta-processus abstrait, qui était assez simple et assez bon pour co-créer le changement avec chacune des personnes touchées.

En faisant cela ensemble, nous avons discuté de sujets importants comme :

- Quelles sont les attentes de l'équipe vis-à-vis du coach ?

- Quelles sont les attentes du coach vis-à-vis de l'équipe ?
- À quoi ressemblerait le succès ?
- Comment saurons-nous si nous allons dans la bonne direction ?
- Qu'est-ce qu'on ne va pas changer ?
- Quels sont nos contrats d'équipe ?

Comme tout le monde était présent lors du lancement, nos interactions ont aidé les membres de l'équipe à voir ce qui était important pour moi en tant que coach, pour les commanditaires et inversement.

Nous avons construit notre approche ensemble, fait des compromis là où nous en avions besoin et adapté celle-ci lorsqu'il était logique de le faire.

COMMENT L'ÉQUIPE MARKETING A-T-ELLE CHANGÉ SON APPROCHE DU TRAVAIL NON-IT ?

Suivre cette valeur était facile pour l'équipe marketing. Nous avions des représentants des six divisions de sorte que nous étions en mesure de résoudre des défis transverses grâce à nos interactions.

Normalement, une équipe ferait sa tâche et passerait le résultat à l'équipe suivante. Lorsque nous avons fini de *sprinter sur notre épopée*, le Vice-Président a dit que ce qui nous a pris deux semaines dans le nouveau processus prenait généralement trois mois, à cause des transferts entre équipes et des processus compliqués.

Bien que cela puisse paraître magique, tout ce que nous avons fait a été d'obtenir une équipe pluridisciplinaire réduisant considérablement le temps de prise de décision.

Le premier principe agile est universel; dans le doute, rassemblez les personnes plutôt que de créer un autre processus ou d'acheter un outil.

UNE AUTRE HISTOIRE BRÈVE.

J'ai travaillé dans de nombreuses entreprises qui subissaient une transformation agile. Il y avait généralement un Centre Agile d'Excellence, une équipe du changement organisationnel, une équipe de conduite du changement, une équipe d'amélioration des processus et parfois, deux ou trois départements supplémentaires avec des objectifs qui se chevauchaient.

En matière de changement, ces équipes finissent par se concurrencer, ce qui mène à des documents de gouvernance de sept cents pages.

Une grande banque avec laquelle j'ai travaillé a uni des gens de tous ces groupes autour d'une même vision et d'un même but. Avec des gens d'horizons et de domaines fonctionnels différents, l'équipe avait différents savoirs et différentes compétences, ce qui permettait aux meilleures idées d'émerger rapidement. Dans ce cas, la friction est une chose positive !

Lorsque vous êtes chargés du changement, voici quelques questions que vous pouvez vous poser avant de démarrer :

- Qui le fait aujourd'hui ?

- Qu'est-ce qui change et pour qui ?
- Des forces concurrentes existent-elles ? Lesquelles ? (par exemple, j'ai travaillé avec une équipe dont l'objectif était en contradiction avec celui d'une autre équipe, donc au lieu de simplement suivre les ordres, nous avons contesté ce qu'on nous demandait de faire.)
- Quelles sont les conséquences imprévues possibles ?
- Dans quelle mesure les processus existants sont-ils formalisés ? Que pouvons-nous réutiliser ? Quels processus doivent être mis hors-service ?

La première valeur du manifeste agile a été conçue pour explorer les limites d'un système, les normes existantes et les interactions entre les personnes, les équipes et les départements. Commençons à explorer ce qui existe aujourd'hui avant de concevoir de nouveau processus ou de forcer les gens à utiliser de nouveaux outils.

UN LOGICIEL FONCTIONNEL ?

"Vous avez rempli toutes les exigences, mais ce logiciel ne résout pas mon problème."

* * *

J'ai vu cela tant de fois au fil des ans. Des équipes sont obligées de répondre aux exigences de la commande et elles perdent de vue le problème qu'on leur a demandé de résoudre.

Les personnes savent de quel logiciel elles ont besoin lorsqu'elles le voient. La deuxième valeur agile est de montrer au plus tôt un logiciel fonctionnel, afin que vous puissiez l'adapter en fonction du changement des besoins des métiers ou des clients.

COMMENT AI-JE CHANGÉ MON APPROCHE DU CHANGEMENT ?

Suivre cette valeur était similaire à la précédente. Lors du lancement, nous nous sommes mis d'accord de n'utiliser PowerPoint ni pour documenter les processus, ni pour communiquer, ce qui était la norme pour eux.

"Il suffit de m'envoyer le diaporama" était le code pour *"Je n'ai pas le temps pour cette conversation."*

Nous nous sommes entendus sur le fait de n'**absolument rien** documenter sur le processus du changement. Cela a fonctionné grâce aux relations et à la crédibilité que j'avais acquises en travaillant dans cette entreprise au cours des deux années précédentes. Je comprends le sentiment de sécurité que nous trouvons en documentant ce processus, mais ce n'est absolument pas nécessaire. Une fois de plus.

COMMENT L'ÉQUIPE MARKETING A-T-ELLE CHANGÉ SON APPROCHE DU TRAVAIL NON-IT ?

C'est facile pour les projets logiciels. L'équipe construit le logiciel. Les personnes l'utilisent et font des retours. Si nous ne livrons pas de logiciel fonctionnel, comment pouvons-nous adopter cette valeur agile ?

Lors du lancement, nous avons explicitement discuté de ce qu'était notre version d'un logiciel fonctionnel :

- Une validation de la solution par le marché.
- Une analyse d'impact sur la façon d'implémenter la solution.

Une fois que nous avions discuté des limites organisationnelles et de ce qu'était la définition de "fini", nous étions partis dans la course. C'est là que les choses sont devenues floues. N'importe quel agiliste compétent verrait immédiatement ce que le second point pointe et aurait crié : *"HÉ ATTENDS !!!! CE N'EST PAS AGILE !!!!!" VOUS AURIEZ DÛ CONSTRUIRE ET DÉPLOYER LA SOLUTION !!! VOUS NE POUVEZ PAS OPTIMISER LOCALEMENT DE LA SORTE !!!"*

Ils auraient raison, mais seulement en théorie. Au fur et à mesure que l'agilité a évolué au cours des deux dernières décennies, les agilistes ont appris qu'il existait d'importantes forces organisationnelles en contradiction avec la mise en production agile.

Dans ce cas, vingt-cinq équipes devaient être impliquées dans la mise en œuvre de notre solution. Il est facile d'être un agent du changement bien assis dans son fauteuil et de dire des sornettes comme : *"Nous avons besoin de réduire la taille de notre organisation"* ou *"Vous devriez vraiment demander pourquoi ils ont besoin de vingt-cinq équipes pour faire une chose aussi simple."*

Une fois que l'agilité expose ce problème à la face de l'organisation, cette dernière peut alors choisir de faire quelque chose sur le sujet. Si la réduction de l'échelle est la réponse, qui décide de qui sera écarté ? Les coachs agiles ?

C'est une simplification excessive pour dire que nous aurions pu simplement construire une équipe interfonctionnelle complète pour livrer la solution. Nous aurions pu, mais cela aurait impliqué de réunir douze Vice-Président autour de la réorganisation de milliers de personnes, ce qui est beaucoup plus de travail que nécessaire.

LA COLLABORATION AVEC LE CLIENT

"Laissez votre poignée de main être un lien plus fort qu'un contrat écrit." - Steve Maraboli, Unapologetically You: Reflections on Life and the Human Experience.

Les contrats peuvent être délicats. Alors que nous avons mis tellement de temps et d'efforts à les créer pour lutter contre des scénarii inévitables (et si…), une de ces deux choses se produit généralement :

1. On ne le regarde plus jamais et on travaille ensemble.
2. Nous les utilisons comme des bâtons pour battre l'autre lorsque la relation tourne au vinaigre.

Le scénario 2 se produit le plus souvent.

De manière générale, les contrats agiles fixent le temps et le coût tandis que le périmètre devient variable.

Par exemple, j'ai déjà été sous-traitant d'un cabinet de conseil pour intervenir comme coach agile dans une organisation de trois cents personnes.

Après une semaine, il n'y avait aucune appétence de la direction pour faire quoi que ce soit et j'avais encore trente jours de mission. Le directeur technique était très favorable à l'agilité mais il a quitté l'organisation environ une semaine plus tard ce qui rendait les choses encore plus difficiles. J'ai métaphoriquement erré en pleine campagne à la recherche de problèmes que j'aurais pu aider à résoudre.

Ce qui incluait de les aider à fusionner leurs référentiels de code, automatiser les mises en production, visualiser l'historique de l'entreprise et crier sur un équipier imbécile qu'il n'était juste qu'un parfait trou du cul. Aucune des choses pour lesquelles j'avais été engagé.

COMMENT AI-JE CHANGÉ MON APPROCHE DU CHANGEMENT ?

Comme je l'ai mentionné, les contrats sont délicats mais sont parfois nécessaires. J'ai un contrat de service, général et basique, que j'utilise avec les organisations. C'est généralement suffisant pour dire que si mon temps d'intervention et les coûts sont fixés, les livrables sont à négocier. Dans ce cas, pour contourner l'organisation d'entreprise incroyablement protectrice des OpEx (Coûts d'Exploitation), nous avons accepté d'appeler ce que je faisais : *augmentation du projet* plutôt que *coaching agile*.

Les activités d'augmentation du projet pouvaient être facturées au département ou au projet, alors que le coaching et la formation étaient considérés comme des OpEx. Ce qui aurait suscité la peur et des émeutes au sein de l'organisation puisque personne n'était autorisé à augmenter les OpEx sans la bénédiction de ceux qui en avaient le pouvoir.

Voici deux composantes principales qui démontre la façon dont je vivais cette valeur :

1. Expliciter aux Vice-Présidents que mon périmètre serait ce qu'il serait nécessaire d'être, et qu'il varierait d'une équipe à l'autre. Fixer mon coût et mon temps par des périodes de "X heures facturées par semaine".
2. Mettre en place une mesure de rétroaction au moyen d'un Score Promoteur Net (NPS) modifié pour déterminer si j'étais à la hauteur du contrat.

Après chaque lancement avec les équipes marketing et les équipes IT, avec lesquelles j'avais travaillé au préalable, je les sondais avec ces deux principales questions, ce qui servait de mesure de rétroaction que j'ai précédemment mentionnée :

1. Quelle est la probabilité que vous recommanderiez d'avoir un coach pour les équipes qui veulent se lancer dans l'agilité ?
2. Quelle est la probabilité que vous recommanderiez spécifiquement le coach que vous avez eu ?

COMMENT L'ÉQUIPE MARKETING A-T-ELLE CHANGÉ SON APPROCHE DU TRAVAIL NON-IT ?

C'est une de mes histoires favorites. Pendant que nous tournions autour de certaines hypothèses, nous avons réalisé que nous avions besoin de retours de véritables clients.

Notre epic owner connaissait le directeur du centre d'appel et a utilisé cinq cents dollars de son budget pour donner des coupons aux personnes qui resteraient au téléphone après avoir téléphoné au service après-vente dans le but de répondre à quelques questions supplémentaires.

En l'espace de vingt-quatre heures, nous avons reçu des centaines de retours qui nous ont aidé à changer notre périmètre.

La leçon à en tirer : les contrats et les accords seront toujours nécessaires mais ils ne devraient pas devenir un obstacle pour faire la bonne chose pour le client.

L'ADAPTATION AU CHANGEMENT

"Les plans ne valent rien, mais la planification est tout."

***

La sagesse populaire attribue cette citation à Winston Churchill, mais qui sait. Nous avons une histoire de citations incorrectement attribuées à la mauvaise personne ![1]

L'adaptabilité est essentielle pour répondre à des événements qui se trouvent hors de notre contrôle. Cela ne veut dire ni que vous *ne devriez* pas planifier, ni que vous êtes mauvais en termes de planification.

Cela signifie que vous devez être conscients du moment où vous devez vous adapter aux changements de conditions, et en particulier à ceux que vous ne pouvez pas contrôler. Dans le monde d'aujourd'hui, les organisations ont moins le contrôle sur leur futur qu'elles ne l'avaient dans le passé.

Vous souvenez-vous de l'histoire de Southwest Airlines ? Ils se sont adaptés à l'évolution des conditions de voyage et ont réussi à le faire sans former leur personnel aux pratiques agiles. En considérant un autre géant, beaucoup se concentrent sur la disparition de Kodak et de son échec à s'adapter au passage à la photographie numérique, mais ils sont toujours là après cent trente huit ans. Comment ont-ils fait ça ?

Ils se sont concentrés sur d'autres domaines de leurs activités, comme les appareils photo rétro, les appareils photo étanches et les accessoires mobiles pour prendre des photos avec votre téléphone[2]. Bien que Kodak ait été lent à s'adapter et qu'il ne pouvait pas lutter contre les prédateurs de la photographie numérique, ils ont continué à gagner de l'argent en vendant et en brevetant leurs technologies et se sont même élargis à de nouveaux domaines tels que la technologie Blockchain et la gestion des droits digitaux.

La leçon à en tirer est : Ne répétez pas ce que vous entendez comme un perroquet parce que cela conforte vos croyances, allez lire l'histoire par vous-mêmes.

COMMENT AI-JE CHANGÉ MON APPROCHE DU CHANGEMENT ?

Au département marketing de Big Co, je n'ai rien changé à la façon dont j'abordais le changement. Je dirais que mon approche a changé à la fin des années 2000 lorsque j'ai réalisé qu'aucune organisation ne me demandait de les "rendre agiles" et de les former aux pratiques agiles.

Ils me demandaient de les aider à clarifier un problème et à trouver des options pour aller de l'avant.

Cette valeur a façonné mon attitude en tant qu'agent du changement en m'enseignant comment faire un "assez bon" plan qui était assez flexible pour être adapté ultérieurement.

COMMENT L'ÉQUIPE MARKETING A-T-ELLE CHANGÉ SON APPROCHE DU TRAVAIL NON-IT ?

Dans un chapitre précédent, j'ai écrit sur le sujet de la façon dont l'expérimentation de mise sur le marché avait lamentablement échoué. Je suis content que cela se soit passé.

C'était la seconde fois que nous essayions ce processus de sprint sur une épopée et le contrecoup fut si négatif que le département marketing a réalisé qu'ils ne pouvaient pas avoir un processus standardisé que tout le monde aurait dû utiliser.

C'est pourquoi ils ont créé l'analogie routière. Les personnes qui faisaient partie de la seconde expérimentation détestaient ça et ont commencé à en parler à d'autres : *"Oh, vous ne voulez pas être traînés à un sprint, ils sont horribles."*

Au lieu de surmonter ce que nous qualifierons habituellement de résistance, nous nous en sommes servis pour adapter notre plan.

Il y a des débats dans la communauté agile au sujet de l'utilité du manifeste agile. Certains disent qu'il est intemporel, d'autres qu'il est dépassé et d'autres encore qu'il craint, seulement parce qu'il a été écrit par dix-sept mâles blancs.

Je suis dans le camp de ceux qui le disent *intemporel*. Je crois que n'importe quel groupe de personnes peut être agile quel que soit son contexte. Vous rappelez-vous de mon père chaudronnier ? Il a utilisé des pratiques agiles dans les années 1960. Walmart les utilise aujourd'hui dans le commerce de détail tout comme des banques de détails et d'autres marchés non-IT.

La clé est, et c'est indiqué dans le manifeste agile, qu'il y a de la valeur dans les termes à droite du manifeste mais que nous donnons plus de valeur aux termes de gauche.

Dans la partie II, je vais passer en revue les douze principes et vous les faire adapter au changement avant de vous montrer comment je l'ai fait. La plupart des mythes avec l'agilité ou toute invention continuelle de nouvelles méthodes vient du fait que personne ne les ait comprises, voire pire, ne les ait même pas lues.

PARTIE II - CAHIER PRATIQUE - LES PRINCIPES MODERNES DE LA CONDUITE DU CHANGEMENT

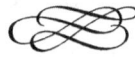

"Mieux vaut écrire pour soi-même et ne pas avoir de public plutôt que d'écrire pour un public et ne plus être soi-même." — Cyril Connolly, The New Statesman, February 25, 1933.

* * *

Je n'oublierai jamais la conférence AYE de 2009 où Johanna Rothman a organisé un atelier de réinvention de soi-même. Je lui ai dit que je pensais que je voulais faire ce qu'elle et que le reste des organisateurs faisaient.

Elle m'a répondu: *"Commence à écrire"*. Ce que je fis. J'ai commencé un blog appelé *more agile than agile* parce que je suis tombé dans l'agilité de façon rétrograde et qu'en plus j'étais un grand fan de Rob Zombie et que j'adorais la chanson More Human Than Human.

Cela m'a conduit à écrire *Lean Change Management* en 2013 parce que je pensais que c'était une histoire intéressante que les gens aimeraient entendre. Il n'y avait pas d'intention de créer des ateliers, des formations à distance, des communautés ou quoi que ce soit d'autre.

Voici où nous en sommes aujourd'hui. J'ai mené des centaines d'ateliers dans plus de douze pays et j'ai assez de contenu basée sur mon expérience pour écrire cinq livres.

Écrire le blog, puis le livre, m'a aidé à trouver mon style et à affiner mon message. Plus important encore, cela m'a donné un moyen d'exprimer mes pensées personnelles sur le sujet. L'écriture m'a toujours été précieuse parce qu'elle est comme une thérapie. Elle m'aide à donner du sens à mes pensées parce que, parfois, elles viennent plus vite à ma bouche qu'à mon cerveau. Nous avons tous des principes que nous vivons et l'un des miens est d'aider les gens à trouver de la clarté ou de l'inspiration dans quelque chose qui les incite à agir et à faire changer les choses pour eux-mêmes.

Alors, quels sont exactement les *principes modernes de la conduite du changement* ? Ça sonne bien dans un tweet mais qu'est-ce que cela veut dire ? En quoi les principes sont-ils différents des valeurs ?

Je vous ai déjà présenté les valeurs du manifeste agile donc, avant d'approfondir les principes, je vais définir ce que je veux dire par la différence entre les valeurs et les principes.

Les valeurs sont personnelles. Elles peuvent changer au fil du temps en fonction des expériences que vous avez et elles évolueront au fur et à mesure que vous apprendrez, que vous grandirez et que vous vieillirez.

Les principes découlent des valeurs et sont généralement figés. Les principes ne changent pas mais nos situations oui.

Dans mon monde, les valeurs façonnent vos principes, qui eux-mêmes influencent vos actes. Par exemple, si une de mes valeurs est l'*honnêteté*, mes principes peuvent être *je ne mentirai pas* et *je ne cacherai pas ni garderai pour moi la vérité*.

Ce sont deux choses différentes et chacune nous aidera à agir dans des scénarii différents. Je ne mentirais pas mais je pourrais être dans une situation où la rétention d'informations pourrait m'être profitable. Ce serait contraire à mes principes.

Subtil mais important.

Je ne veux pas trop m'accrocher aux définitions strictes des valeurs et des principes parce que nos valeurs, nos principes, nos systèmes de croyance sont symboliques et aident à façonner qui nous sommes en tant qu'êtres humains.

Le manifeste agile a quatre valeurs et douze principes. En elles-mêmes les valeurs ne donnent pas suffisamment d'informations pour nous aider à agir. On pourrait dire que le fait de regarder les valeurs isolément aurait pu mener à un bon nombre de mythes agiles que nous voyons aujourd''hui.

Avez-vous entendu quelqu'un de votre organisation dire que *"nous n'avons plus besoin de documenter les choses parce que nous sommes agiles"* ? Ou : *"nous n'avons pas besoin de planifier; nous pouvons changer les choses quand nous voulons parce que nous sommes agiles"* ?

Je l'ai entendu.

Dans la *partie I - Manifeste de la conduite moderne du changement*, vous avez créé un manifeste du changement qui capture l'esprit du manifeste agile. Puis vous l'avez testé à l'aide d'un scénario.

Il aurait été peut-être facile de savoir comment l'appliquer sans un ensemble de principes qui vous aident à passer à l'action mais imaginez que votre organisation entière veuille vivre selon les principes agiles. Ce serait plus difficile parce que les valeurs de chaque personne seraient probablement différentes.

Dans les prochains chapitres, je vous montrerai comment adapter les douze principes agiles au changement. Plus important encore, je vous aiderai à comprendre comment certains principes ont plus de poids en fonction de votre environnement et du type de changement que traverse votre organisation.

C'est ici que nous passons aux idées actionnables qui libèrent la puissance de l'utilisation d'une approche agile dans la conduite du changement.

COMMENT LA PARTIE II EST-ELLE STRUCTURÉE ?

*C*hacun des chapitres suivants suivra le même modèle :

- J'introduirai le principe agile et je partagerai une brève histoire sur la façon dont le principe m'a guidé.
- Je vous demanderai de réécrire le principe pour s'intégrer dans un contexte de changement en vous questionnant sur la façon dont vous pourriez transposer les principes d'un contexte IT à un contexte de changement.
- Je conclurai avec la façon dont je l'adapte à un contexte de changement. Vous pouvez visiter changeagility.org pour voir ce que les autres ont fait.

À la fin de cette partie, je partagerai un exercice sur la façon de co-créer vos principes et de les prioriser en fonction de la culture de votre organisation, du type de changement et de la composition de votre équipe du changement.

C'est ici que les choses peuvent devenir délicates ! Comme défini dans le chapitre précédent, les principes sont figés alors pourquoi devraient-ils être différents pour une transformation agile ou pour une implémentation logicielle pluriannuelle qui modifie radicalement les processus métier ?

Tous les principes ne s'appliquent pas à chaque type de changement de la même façon. C'est pourquoi, j'ai mentionné qu'il était impossible d'avoir un seul cadre méthodologique, méthode ou processus de changement global. La plupart du temps, vous commencez avec des méthodes universelles concernant le changement qui sont généralement vraies, puis vous adaptez votre approche selon votre contexte.

Certains des principes que vous verrez dans ce chapitre seront intemporels et universels. D'autres pourraient avoir besoin d'être peaufinés. Quoi qu'il en soit, c'est une discussion cruciale à avoir lors d'un lancement avec votre équipe du changement ou avec les personnes dans votre organisation pour définir les attentes appropriées.

C'est la partie la plus difficile que de parler de principes. Ils sonneront tous bien mais pourquoi chaque organisation agile se comporte-t-elle différemment si elles fonctionnent à partir des mêmes valeurs et des mêmes principes ?

C'est la question à un million de dollars, n'est-ce pas ?

PRENDRE SOIN DES GENS

Notre plus haute priorité est de satisfaire le client en livrant rapidement et régulièrement des fonctionnalités à grande valeur ajoutée.

* * *

V**aleur agile** : Un logiciel fonctionnel plus qu'une documentation exhaustive.

Lorsque je travaillais comme product owner, au moment où les tablettes apparaissaient, j'ai été chargé de créer un nouveau produit. C'était quand le premier iPad fit son apparition sur le marché, pour vous dire que ça fait un bail.

Comme les tablettes étaient une nouveauté, nous pensions qu'elles seraient populaires mais nous n'avions aucune idée de ce à quoi pouvait ressembler un produit pour tablettes. À l'époque, la conception web réactive (responsive web design) n'existait pas. Notre première idée fut donc un microsite pour les clients des relations avec les investisseurs (RI). Au lieu de naviguer à travers les grands sites web pour trouver des informations RI précieuses, ces applications mobiles seraient comme un référentiel rapide et une vitrine pour les clients RI.

Donc, il n'y avait pas de stratégie bien définie, seulement une intuition dans nos tripes que les tablettes allaient connaître un succès énorme et que nous voulions y être préparés.

Nous ne savions pas ce qu'était un *logiciel à haute valeur* pour ces clients donc ce principe s'est transformé en :

Ma plus haute priorité est de satisfaire le client à travers une validation continue et au plus tôt de ce qui a de la valeur pour lui.

ADAPTER LE 1ER PRINCIPE AU CHANGEMENT.

En commençant par ce chapitre, je vais vous poser des questions qui vous guideront à travers chaque principe agile et sur la façon dont vous adapteriez chaque déclaration à un contexte de changement.

1. Quelle est notre plus haute priorité en tant qu'agents du changement ?
2. Comment pouvons-nous répondre à cette priorité ?
3. Quel est l'équivalent d'un "logiciel à haute valeur ajoutée" en termes de changement ?
4. Qu'est-ce que cela signifierait *rapidement et régulièrement* dans un contexte de changement ?

Je vous invite à continuer à lire si vous êtes en mode exploration, mais si vous le souhaitez, réécrivez ce principe du point de vue d'un agent du changement avant de passer à autre chose.

Dans la partie III, je partagerai comment j'ai répondu à ces questions. Si vous êtes impatient de voir ce que d'autres ont fait, vous pouvez vous connecter avec d'autres agents du changement dans le monde entier via changeagility.org.

ACCUEILLIR LE CHANGEMENT

Accueillez positivement les changements de besoins, même tard dans le projet. Les processus Agiles exploitent le changement pour donner un avantage compétitif au client.

* * *

**aleur agile** : L'adaptation au changement plus que le suivi d'un plan.

Vous rappelez-vous l'histoire du chapitre *Collaboration avec le client* à propos du directeur technique qui était parti et dans laquelle personne d'autre n'avait d'intérêt à améliorer les choses ? Lors de notre première réunion de mise à jour hebdomadaire, le PDG avait dit qu'il voulait : *"Cent cinquante pourcents d'effort, les mains sur le clavier tout le temps… pousser...pousser...pousser"*.

Il me restait trente jours pour le faire. Alors bien que j'ai inclus cette histoire pour illustrer le chapitre *La collaboration avec le client plus que la négociation d'un contrat,* elle illustre à nouveau ce chapitre.

J'aurais pu renégocier le contrat pour affiner le périmètre mais, au lieu de cela, j'ai passé d'une équipe à l'autre, en les aidant à prioriser les choses les plus importantes sur lesquelles elles avaient besoin d'aide. J'ai travaillé sur des sprints de changement d'une semaine qui m'ont donné assez de structure pour vivre ces dernières semaines.

La société a été rachetée quelques mois après la fin de mon contrat. J'ai toujours soupçonné qu'il se passait plus de choses que je n'en savais et cela s'est confirmé.

Adapter le 2ème principe au changement.

En utilisant ces questions comme guide, comment adapteriez-vous le deuxième principe agile au changement ?

1. Quelles sont *les besoins du changement* ?
2. *Tard dans le projet* est-il *le dernier moment responsable,* ou est-il irresponsable ?
3. Qu'est-ce qui, dans notre processus du changement, empêche la correction de la trajectoire ?
4. Qu'est-ce qui pourrait changer la façon dont nous faisons le changement qui nous rendrait plus adaptables ?

RACCOURCIR LES BOUCLES DE RÉTROACTION

Livrez fréquemment un logiciel opérationnel avec des cycles de quelques semaines à quelques mois et une préférence pour les plus courts.

* * *

Valeur agile : Un logiciel fonctionnel plus qu'une documentation exhaustive.

J'ai travaillé pour quelques organisations dans lesquelles les équipes agiles avaient prolongé la durée de leurs sprints parce qu'il était trop difficile de faire des choses dans une courte durée.

Aujourd'hui, *de quelques semaines à quelques mois* peut signifier deux semaines ou un trimestre. Pourtant, l'idée de base du principe étend le premier principe en spécifiant davantage la partie "rapidement et régulièrement".

J'ai travaillé dans une organisation de trois cents personnes avec cinq équipes qui avaient du mal à faire tout le travail dans un sprint de deux semaines.

En utilisant ce principe comme guide, nous avons décidé d'essayer des sprints d'une semaine. Cela forcerait l'équipe à décomposer le travail en tâches plus petites et plus gérables.

Les équipes ont admis qu'ils haïssaient cela au départ. C'était atroce pour eux mais ils ont accepté de l'essayer pour au moins trois sprints.

Finalement, ils ont décidé que les sprints d'une semaine étaient meilleurs que ceux de deux semaines, même s'ils étaient plus douloureux. Ils avaient le sentiment que s'ils élargissaient une fois la durée du sprint, ils seraient beaucoup plus susceptibles de l'étendre plus tard et potentiellement divisés en sprints séparés de développement et de tests.

J'ai travaillé avec de nombreuses équipes du changement à travers le monde qui appliquaient l'idée d'utiliser des sprints. Dans un cas, un des coachs agiles de cette entreprise a travaillé sur une user story de changement pendant un an : *"en tant que PMO, je veux un processus de gouvernance agile afin de gouverner des processus et des équipes agiles."*

Ça sonne bien en théorie mais plus d'un an et plusieurs Power-Points plus tard, rien n'avait changé. Bien que le découpage du travail en sprints soit une bonne idée, il exige toujours que vous pensiez différemment à ce que sont ces morceaux. N'oubliez pas que les sprints viennent du cadre méthodologique Scrum et que l'objectif d'un sprint est de livrer quelque chose qui a de la valeur pour le client.

ADAPTER LE 3ÈME PRINCIPE AU CHANGEMENT.

En utilisant ces questions comme guide, comment adapteriez-vous le troisième principe au changement ?

1. Que livrons-nous si le changement ne concerne pas la construction de logiciels ?
2. Quelle est la durée raisonnable pour montrer des résultats tangibles ?
3. Les résultats du changement peuvent arriver beaucoup plus tard, que pourrions-nous livrer pour montrer la progression et que nous sommes sur la bonne voie ?
4. Comment éviter le piège des cycles longs de rétroaction parce que nous savons que les résultats tangibles seront longs ?

COLLABORER ENTRE LES FONCTIONS

Les utilisateurs ou leurs représentants et les développeurs doivent travailler ensemble quotidiennement tout au long du projet.

* * *

Valeur agile : Les individus et les interactions plus que les processus et les outils.

Agile n'a jamais été une chose IT, et je ne peux toujours pas croire que certaines organisations avec lesquelles je travaille ne le voient pas comme ça. Les gens pensent que cela signifie que les représentants métiers et les développeurs sont agrafés ensemble, travaillant vigoureusement les uns avec les autres pendant huit heures consécutives chaque jour.

CE PRINCIPE EST UNE QUESTION DE PRISE DE DÉCISION RAPIDE.

Supposons que les représentants métiers et que les développeurs ne travaillent pas ensemble au quotidien. Le travail est retardé parce que les développeurs font des hypothèses sur les fonctionnalités, et au moment où les représentants métiers le remarquent, le changement est trop difficile et coûteux.

Voici un exemple dans le monde réel :

Un de mes anciens clients était une grande institution financière qui était structurée de façon traditionnelle. Il y avait des analystes métiers IT (BA) et, euh, des analystes métiers métiers (BA métiers) qui faisaient des rapports aux différents clients et aux parties prenantes. Les BA avaient leurs objectifs (dans les temps, dans le budget) et les BA métiers avaient des objectifs différents (KPI, indicateurs métier à atteindre, etc.)

En raison de cette dynamique bizarre, il m'a fallu trois mois pour convaincre les BA métiers de laisser les BA, et optionnellement le reste de l'équipe Scrum, assister aux revues périodiques avec les clients et les parties prenantes. La magie s'est produite lors de la première session lorsque les BA métiers ont vu combien il était précieux que l'équipe des BA parle directement avec les clients réels et les parties prenantes.

Pour rappel, la revue de sprint dans Scrum est généralement l'endroit où cette interaction se produit, mais sur un programme énorme impliquant beaucoup de personnes, avoir parfois une revue de sprint et une revue différente dédiée aux clients/parties prenantes est une bonne idée.

ADAPTER LE 4ÈME PRINCIPE AU CHANGEMENT.

En utilisant ces questions comme guide, comment adapteriez-vous le quatrième principe agile au changement ?

1. Quels problèmes sont causés par des délais dans la prise de décision ?
2. Quelles sont les structures en place qui entravent la collaboration interfonctionnelle ? (la structure organisationnelle en est une commune)
3. *Travailler ensemble quotidiennement* est-il exagéré ? Quelle alternative est raisonnable ?
4. Quelles cérémonies existantes nous permettent de raccourcir les cycles de prise de décision ? Lesquelles devrions-nous créer ?

PRIVILÉGIER LA MOTIVATION INTRINSÈQUE

Réalisez les projets avec des personnes motivées. Fournissez-leur l'environnement et le soutien dont elles ont besoin et faites-leur confiance pour atteindre les objectifs fixés.

* * *

Va**leur agile** : Les individus et les interactions plus que les processus et les outils.

Si vous êtes une de mes connaissances ou que vous êtes familiers avec mes travaux, vous savez que mon parcours a été façonné par la conférence AYE. Ce fut une expérience d'une semaine pour pas moins de soixante-quatorze personnes, qui l'ont intimement vécue, organisée par feu Jerry Weinberg, Esther Derby, Don Gray, Johanna Rothman et Steve Smith.

Johanna avait animé une session de *découverte de soi* un soir où nous avons exploré nos modèles à travers une ligne chronologique de hauts et de bas. J'ai découvert que mon modèle était celui de l'exploration. C'est-à-dire que je ne serai jamais l'employé travaillant vingt ans dans la même entreprise, que je défierai toujours le statu quo et que j'aurai toujours une faible tolérance aux baratins d'entreprise. Pour être clair, je suis un horrible employé et c'est pourquoi je travaille à mon compte depuis vingt ans.

Au cours de cette séance, j'ai dit à Johanna que je pensais qu'à un moment donné je voudrais faire ce qu'elle faisait. Le conseil qu'elle m'a donné ? Commence à écrire. Elle a dit que cela m'aiderait à trouver ma voie, à trouver ce qui est important pour moi, et à trouver où je voulais aller. Et elle avait raison.

Le blog appelé *More Agile Than Agile* que j'avais commencé et que j'ai mentionné dans un précédent chapitre était conçu pour ne pas me limiter seulement à des sujets autour de l'agilité. Les grandes entreprises évoluent en regardant à travers un large objectif, pas avec un zoom, alors j'ai pris la même approche avec mon blog.

J'ai écrit sur l'utilisation du livre Mastering the Rockefeller Habits dans une organisation où je travaillais comme Scrum Master et comme Product Owner. J'ai aussi écrit sur les dynamiques d'équipe, l'expérience utilisateur, le développement de produit, le lean startup et bien plus.

La clé de ce principe est de comprendre ce qui vous motive. J'ai choisi de commencer à écrire parce que j'ai suivi les conseils de Johanna en lui demandant ce qui pourrait m'aider à atteindre mes objectifs. Cela a débloqué ma motivation intrinsèque plutôt que d'avoir quelqu'un qui essaye de me motiver à écrire en me poussant ou en me récompensant.

ADAPTER LE 5ÈME PRINCIPE AU CHANGEMENT.

En utilisant ces questions comme guide, comment adapteriez-vous le cinquième principe agile au changement ?

1. Comment trouvez-vous des personnes motivées à faire partie du changement ?
2. Qu'est-ce qui pourrait démotiver les gens ?
3. De quelles aides et de quels soutiens ont-ils besoin ?
4. Qu'est-ce qui les bloque dans l'environnement ?
5. La confiance est un mot lourd de sens; que se passe-t-il s'ils font des erreurs ?

ÊTRE AU CONTACT PLUTÔT QU'UTILISER LA TECHNOLOGIE

La méthode la plus simple et la plus efficace pour transmettre de l'information à l'équipe de développement et à l'intérieur de celle-ci est le dialogue en face à face.

* * *

Valeur agile : Les individus et les interactions plus que les processus et les outils.

Si vous ne me suivez pas sur les réseaux sociaux quels qu'ils soient, vous pourriez ne pas savoir comment l'histoire de ce livre a commencé. Il a jailli de mon cerveau en quelques jours durant l'été 2019 et je l'ai rapidement oublié.

Lors de la restauration d'une sauvegarde informatique l'été suivant, je l'ai retrouvé. Quand je l'ai regardé, j'ai pensé, bon sang, je vais laisser Grammarly être mon correcteur (pardon, Julia![1]) et faire le minimum possible pour le publier.

Mon point de vue sur ce principe est différent aujourd'hui à cause de la pandémie de la COVID-19. Je travaille principalement à mon compte depuis 2001 donc peu de choses ont changé dans ma vie quotidienne mais chaque agent du changement que je connais a plus ou moins mentionné que leurs initiatives de changement ont été arrêtées en raison de la pandémie.

La pandémie a rendu plus difficile d'avoir l'attention des personnes et des équipes parce qu'elles sont épuisées par les réunions en ligne pour leur travail quotidien et qu'elles n'ont plus d'énergie pour le changement.

Dans quelques cas, c'est parce qu'il y a des problèmes de budget. Beaucoup d'organisations ont perdu des sources de revenus et elles ne pouvaient simplement plus payer des consultants en changement.

Un autre défi est le manque de connexion physique donc visualiser le travail est beaucoup plus difficile. Par exemple, alors que je travaillais dans une division de mille six cents employés d'une grande banque, le vice-président m'a demandé ce qu'ils devraient faire en premier.

J'ai répondu : *"visualisez le travail parce que si vous ne le voyez pas, vous ne pouvez pas le gérer."*. Je suis raisonnablement sûr d'avoir emprunté ces mots à Jon Stahl[2]. Visualisez d'abord, cela soulignera les vrais problèmes à résoudre. C'est ce que nous avons fait et l'objectif a été atteint. Même s'il est plus difficile et que cela ralentit le changement, il est encore possible d'utiliser des outils informatiques. Ce vice-président était domicilié dans un autre pays donc il nous rendait visite une semaine par mois. C'était amusant comme les gens se comportaient différemment quand il était là. C'était un gars génial, un des meilleurs et des plus favorables vice-présidents avec lequel j'ai jamais travaillé. Il aimait les radiateurs d'informations et cela a motivé les personnes autour de lui à les utiliser. La pandémie a brisé cette énergie.

ADAPTER LE 6ÈME PRINCIPE AU CHANGEMENT.

En utilisant ces questions comme guide, comment adapteriez-vous le 6ème principe agile au changement ?

1. Qui seraient les parties prenantes de votre équipe de développement ? L'équipe du changement ? D'autres personnes impactées par le changement ?
2. Quel est le risque de ne pas avoir d'interaction en face à face ?
3. Dans quelle mesure serait-ce perturbateur et difficile ? (Conseil : Ne choisissez jamais la facilité parce que c'est une norme culturelle. J'ai travaillé dans une grande entreprise de télécommunications où je pouvais voir toutes les personnes dans une zone de l'étage, chacun à leur bureau, assistant à la MÊME réunion en ligne parce que c'était plus facile de faire du multi-tâche.)

ADAPTER LES INDICATEURS

UN LOGICIEL OPÉRATIONNEL EST LA PRINCIPALE MESURE D'AVANCEMENT.

* * *

Valeur agile : Un logiciel fonctionnel plus qu'une documentation exhaustive.

Il y a deux parties intéressantes dans ce principe. Tout d'abord, le mot *principale* souligne le fait que ce n'est pas la seule mesure. Deuxièmement, l'avancement signifie aller de l'avant, pas des résultats.

Nous sommes beaucoup trop accrochés à des résultats binaires et à des mesures individuelles lors de la conduite du changement. C'est pourquoi, les gens débattent encore sur la statistique des soixante-dix pourcents d'échecs[1]. Si vous travaillez sur le remplacement d'une technologie et que vous allez mettre hors service l'ancienne, le pourcentage d'adoption n'a pas d'importance. Tout le monde ne lui donnera aucune importance, alors pourquoi continuer à l'utiliser comme indicateur ?

Dans les projets logiciels, il est plus facile de voir la progression parce que quelque chose de tangible est livré. Dans le changement, cependant, les livrables ne sont pas souvent visibles et les résultats ne sont pas instantanés. Donc, parfois, nous réalisons des mesures dénuées de sens juste pour avoir *quelque chose* quand il pourrait être préférable d'avoir des preuves empiriques et des histoires qui nous racontent que nous allons dans la bonne direction.

La clé d'utilisation de ce principe est de trouver le bon équilibre entre diagnostics et mesures et de les modifier lorsqu'ils arrêtent d'être utiles.

Lorsque le changement est en train d'émerger, les diagnostics et les boucles courtes de rétroaction sont importants. Plus tard, quand nous en saurons plus et que nous aurons plus de certitudes, nous pourrons affiner ces métriques en fonction des résultats que nous recherchons.

Cela ne signifie pas que vous devez renoncer à mesurer les résultats au départ, mais que vous n'avez tout simplement pas besoin de vous focaliser dessus. Un excellent exemple est l'indicateur de la *valeur gagnée*. C'est une métrique fabriquée pour nous rassurer sur la progression. Il y a *zéro* valeur livrée dans des projets qui utilisent des processus séquentiels aussi connus sous le nom redouté de projet en cascade. La totalité de la valeur est gagnée lorsqu'elle est dans les mains du client.

PARTIE II - CAHIER PRATIQUE - LES PRINCIPES MODERNES DE L...

En revanche, en suivant une approche itérative prêchée par les processus agiles, la valeur est livrée en continu, sprint après sprint. Cela signifie que, si le projet est annulé pour une raison quelconque, le client aura quelque chose à utiliser et pas seulement un tas de documents inachevés.

C'est pourquoi, je n'aime pas les tableaux de bord et les manuels, du moins pas dans le sens traditionnel. Ils sont statiques, normatifs et ne prennent pas en compte le contexte.

Si nous commençons à accepter le fait que nous ne savons pas encore, nous pourrons adapter les indicateurs au fil du temps.

J'ai travaillé avec une organisation d'une centaine de personnes qui voulait que je lui dise comment elle mesurerait mon efficacité en tant que coach. J'ai répondu : "toute preuve tangible comme les défauts non-identifiés ou la satisfaction client qui se produiront une fois que je serai parti par rapport à ceux qui se produisaient lorsque j'étais là sur une mission courte."

Je leur ai suggéré de placer un panneau dans le hall en indiquant combien ils me payaient et de poser à chaque personne avec qui j'ai interagi les questions suivantes :

- Avec quelle fréquence travaillez-vous avec Jason ? 0 = pas du tout , 5 = tous les jours.
- À quel point pensez-vous que notre organisation a eu un retour sur investissement ? 0 = demande de remboursement, 5 = quelle aubaine !
- Ils ne l'ont pas fait mais nous avons utilisé un score de promoteurs net (NPS) qui demandait :

- Quelle était la valeur d'avoir Jason comme coach ? (0 à 10) Pourquoi ?

L'inconvénient est que le NPS semble toujours n'être rien de plus qu'un nombre alors qu'il est si facile de demander aux personnes pourquoi elles ont donné tel ou tel nombre. Finalement, la mesure que nous avons utilisée reposait sur des témoignages tels que : *"Jason nous a aidé à <faire cela> et nous avons gagné une semaine de travail."*

ADAPTER LE 7ÈME PRINCIPE AU CHANGEMENT.

En utilisant ces questions comme guide, comment adapteriez-vous le septième principe agile au changement ?

1. Quel est l'équivalent en termes de changement de "logiciel fonctionnel" ?
2. Comment faites-vous la distinction entre "montrer l'avancement (ou les progrès réalisés)", le besoin qu'ont les gens d'avoir un retour sur investissement et d'autres indicateurs tardifs de succès ?
3. Alors que "le logiciel fonctionnel" est la principale mesure d'avancement, quelles sont les autres ?
4. Quand et comment ferez-vous évoluer vos indicateurs au fil du temps ?

S'ADAPTER AU RYTHME

Les processus Agiles encouragent un rythme de développement soutenable. Ensemble, les commanditaires, les développeurs et les utilisateurs devraient être capables de maintenir indéfiniment un rythme constant.

* * *

Valeur agile : Un logiciel fonctionnel plus qu'une documentation exhaustive.

En termes simples, ce principe est une question de rythme durable. Il est regrettable que beaucoup supposent voir dans le mot "sprint", utilisé dans Scrum, uniquement une référence à la vitesse.

Un rythme durable, ou soutenable, c'est avoir la capacité à maintenir indéfiniment un rythme constant. *La théorie U*[1] compare cela à un battement de cœur.

Dans mon livre *Lean Change Management*[2], j'ai raconté comment The Commission avait subi simultanément trois changements massifs :

1. Une transformation agile.
2. Des licenciements massifs.
3. Une large migration de technologies.

C'était une tempête parfaite, analogue au changement d'un moteur en plein vol.

Ce principe est lié à ce qu'on appelle traditionnellement *la fatigue du changement*. Trop de changements apparaissent et les gens ne peuvent pas les assimiler. Le désalignement et le manque de cohésion sont les coupables habituels, mais il en existe d'autres.

Dans des grandes organisations où se mêlent coaching agile, changement, développement organisationnel et équipes RH, le manque de cohésion survient quand chaque département travaillent sur son propre changement de façon isolée, alors même qu'il y a généralement chevauchement.

Par exemple, les coachs agiles se concentrent souvent sur le bonheur des membres de l'équipe, alors que les Ressources Humaines peuvent piloter un programme de satisfaction des employés en parallèle. L'équipe est bombardée d'enquêtes, d'informations et parfois d'objectifs contradictoires.

Il est essentiel de comprendre ce qui se passe d'autre dans l'organisation qui pourrait empêcher les gens de dédier du temps au changement.

ADAPTER LE 8ÈME PRINCIPE AU CHANGEMENT.

En utilisant ces questions comme guide, comment adapteriez-vous le huitième principe agile au changement ?

1. Quel est le rythme naturel du changement de l'organisation ?
2. Quel travail quotidien est en concurrence avec le changement ?
3. Qui est surchargé de travail ?
4. D'où vient la 'force qui pousse' pour le changement ?

ADAPTER LE PROCESSUS DU CHANGEMENT

Une attention continue à l'excellence technique et à une bonne conception renforce l'Agilité.

* * *

Valeur agile : Un logiciel fonctionnel plus qu'une documentation exhaustive.

Dans un contexte logiciel, ce principe a pour objet la façon dont les équipes de livraisons font leur travail. L'excellence technique inclut l'utilisation de tous les outils d'Extreme Programming (XP) comme le développement par les tests, la propriété collective du code, la programmation en binôme et bien d'autres.

À la fin des années 1990 et au début des années 2000, lorsque j'ai créé ma propre société de développement web, j'utilisais Active Server Pages (ASP) qui utilisait des scripts Visual Basic (VB). Sans devenir trop technique, ASP n'est pas un langage de codes compilés. Le code est contenu à l'intérieur des pages web. Cela signifie qu'il n'y a ni refactorisation magique, ni outils intelligents de codage qui peuvent être utilisés en toute sécurité. Si j'ajoutais un champ de données dans un script, je devais rechercher chaque page ASP pour trouver où je voulais l'utiliser ou le changer.

J'aurais pu casser accidentellement des choses sur les sites internet sans le savoir et ajouter de nombreuses heures sur chaque projet en essayant de réparer. J'en avais assez de dépenser tout cet effort supplémentaire alors j'ai construit mon propre système de test et d'enregistrement. Ensuite, lorsque j'effectuais un changement en un seul endroit, je pouvais rapidement tester les parties les plus importantes de l'application. Il n'était pas aussi optimal que les outils d'automatisation des tests actuels, mais il était assez bon.

Sans se concentrer sur les bonnes pratiques techniques, il n'y avait simplement aucun moyen d'être agile et c'est l'erreur massive que font de nombreuses organisations lorsqu'elles s'orientent vers l'agilité. Elles oublient que, si le processus est simple, le côté technique est sensiblement plus difficile.

Adapter ce principe au changement sera difficile. J'espère que vous faites ces exercices avant que je vous montre comment je les ai adaptés ! C'est plus amusant comme ça (je pense!)

ADAPTER LE 9ÈME PRINCIPE AU CHANGEMENT.

En utilisant ces questions comme guide, comment adapteriez-vous le neuvième principe agile au changement ?

1. Agile contre agile : qu'est-ce qu'être rigoureux et qu'est-ce que changer les choses dès qu'on en a envie ?
2. Quel est l'équivalent en termes de changement de *l'excellence technique* et de *bonne conception* ?
3. Comment savez-vous si vous avez atteint l'équivalent en termes du changement de "excellence technique" et de "bonne conception" ?

RESTER SIMPLE

La simplicité - c'est-à-dire l'art de minimiser la quantité de travail inutile - est essentielle.

* * *

Valeur agile : L'adaptation au changement plus que le suivi d'un plan.

Vous êtes probablement fatigués d'entendre mes histoires sur la conférence AYE mais dommage ! En voici une autre !

Jerry Weinberg anima une session intitulée *Comment dire non*, et elle était si populaire que la plupart des participants, si ce n'est tous, y sont allés. C'était à l'époque où il se remettait du cancer, où il était en fauteuil roulant et où sa voix était assez faible.

Je me souviens d'être assis en cercle avec tout le monde et il ouvrit ainsi : *"J'aimerais que vous disiez tous non."* Nous répondîmes à l'unisson : *"Non."* Il a poursuivi : *"Qu'est-ce qui était si difficile à ce sujet ?"*

Il invita chacun à penser à un moment où il avait voulu dire non mais avait dit oui à la place. Il demanda deux volontaires; un jouerait une star, l'autre jouerait la personne à laquelle la star voulait dire non. Les deux volontaires étaient assis au milieu du cercle et conversaient pendant que Jerry coachait la star.

Jerry avait le don de rendre simple des situations complexes. C'était une leçon de congruence. C'est-à-dire comprendre ce que l'autre personne demande dans un certain contexte tout en restant fidèle à soi-même et à ce dont vous avez besoin.

Pour les équipes agiles de livraison, dire non n'est pas une finalité. C'est plus un *pas encore* qu'un non. C'est une manière de prioriser le travail. J'ai vu assez de projets avec dix-sept priorités numéro un. (Sérieusement.) La plupart du temps, ces priorités sont des scénarii hypothétiques ou des hypothèses non-testées. La nature itérative de l'agilité permet de reporter la prise de décision en se concentrant sur les éléments les plus prioritaires.

Cela signifie que Jerry a changé sa conversation pour prioriser plutôt que de se focaliser sur le côté négatif de dire non. Dans le travail du changement, cela nous aide à éviter d'essayer toutes les idées à la fois en jetant TOUS LES CHANGEMENTS à une équipe ou à une organisation, en espérant quelques appuis.

ADAPTER LE 10ÈME PRINCIPE AU CHANGEMENT.

En utilisant ces questions comme guide, comment adapteriez-vous le dixième principe agile au changement ?

PARTIE II - CAHIER PRATIQUE - LES PRINCIPES MODERNES DE L...

1. Comment dîtes-vous non aux parties prenantes qui veulent vous pousser pour plus de changements quand vous savez que ce n'est pas le bon moment ?
2. Comment priorisez-vous le travail du changement ?
3. Quelle complexité ajoutez-vous à votre processus du changement avec des hypothèses non testées et non validées ?
4. Comment minimisez-vous votre processus du changement afin de vous concentrer sur les personnes ?

LES PERSONNES QUI ÉCRIVENT LE PLAN NE LUTTENT PAS CONTRE LE PLAN

Les meilleures architectures, spécifications et conceptions émergent d'équipes auto-organisées.

* * *

Valeur agile : Les individus et les interactions plus que les processus et les outils.

"Les personnes qui écrivent le plan ne luttent pas contre le plan."

C'est ma citation préférée de Jill Forbes. Elle travaillait pour National Leasing et utilisait les idées du *Lean Change Management*[1].

Elle faisait avancer le changement et un moment charnière fut lorsqu'elle a animé une session de canevas du changement[2] avec le manager. Celle-ci a contribué à transférer la propriété du changement des agents du changement aux personnes impactées.

C'est là que la puissance des équipes pluridisciplinaires entre en jeu. Dans Scrum, l'équipe se compose des personnes disposant de toutes les compétences nécessaires pour faire le travail. Cela peut signifier avoir dans une seule et même équipe des développeurs, des concepteurs, des CX/UX, des testeurs, des architectes.

La clé est d'avoir des personnes de type T, qui évolue rapidement en type M :

- Les personnes de type T ont une expertise profonde dans un domaine et une poignée d'autres compétences.
- Les personnes de type M ont une expertise profonde dans au moins deux domaines et une poignée d'autres compétences.

Un développeur Java qui connaît très bien uniquement Java et possède une connaissance de surface sur quelques autres choses est de type T. Un développeur full-stack qui connaît très bien Java, HTML, CSS et Javascript et qui a aussi des connaissances en technologie de base de données et en infrastructure est de type M.

Certaines personnes pensent que cela signifie qu'ils ont besoin de personnes polyvalentes qui peuvent tout faire. Faux. Cela signifie simplement qu'avoir plus d'une compétence spécialisée rend l'auto-organisation plus efficace.

Les rôles et les titres distribués aux personnes sont un obstacle à la bascule vers une culture qui valorise les personnes de type M. J'ai vu des membres de l'équipe étiquetés comme développeurs seniors Java III qui refusaient catégoriquement de faire des tests ou d'apprendre d'autres technologies parce qu'ils étaient récompensés sur le nombre de lignes de code Java qu'ils pouvaient produire.

J'ai travaillé dans une organisation qui n'avait pas ce problème. Les membres de l'équipe étaient simplement appelés *constructeurs* - ils construisaient des choses. Certains se sont orientés vers le test, d'autres plus vers le développement, mais il y avait assez de personnes polyvalentes pour leur permettre de diviser le travail. Du fait, ils n'étaient pas dépendant du seul développeur qui connaissait comment changer cette partie désordonnée du code.

Plusieurs cerveaux valent mieux qu'un. Une équipe est plus susceptible de trouver la bonne voie à suivre lorsqu'on ne lui fournit pas une solution.

ADAPTER LE 11ÈME PRINCIPE AU CHANGEMENT.

En utilisant ces questions comme guide, comment adapteriez-vous le onzième principe agile au changement ?

1. Quel est l'équivalent en termes de changement de l'architecture, des spécifications et de la conception ? (Conseil : Ne faîtes pas dans la facilité en disant *le plan* - nous savons tous qu'un certain type de plan avec un certain niveau de détails est important.)

2. Quelles équipes sont auto-organisées ? L'équipe du changement ? Les personnes touchées par le changement ?
3. Quels garde-fous sont mis en place pour empêcher que l'auto-organisation ne sombre dans le chaos ?

INSPECTER ET ADAPTER

À intervalles réguliers, l'équipe réfléchit aux moyens de devenir plus efficace, puis règle et modifie son comportement en conséquence.

* * *

Valeur agile : L'adaptation au changement plus que le suivi d'un plan.

En un mot, les rétrospectives. Mon ami et collègue Declan Whelan aime à dire que si vous ne pouvez faire qu'une seule pratique agile, choisissez les rétrospectives parce que peu importe le processus que vous suivez, vous améliorerez les choses au fil du temps.

Alors qu'ils travaillaient dans une organisation de cent personnes avec une hiérarchie à plat, le directeur technique et le Scrum Master se plaignaient que l'équipe n'apportait jamais d'améliorations et que les rétrospectives étaient inutiles. En réalité, elles étaient inutiles en raison d'un manque d'appropriation par l'équipe.

Le directeur technique et le Scrum Master décidaient ce qu'il fallait améliorer au lieu de laisser l'équipe s'en rendre compte. Lorsque j'ai facilité leur rétrospective suivante, j'ai demandé au directeur technique et au Scrum Master d'observer et de ne rien dire.

Ils ont été choqués en entendant les idées émises par l'équipe. C'étaient des idées auxquelles ils n'auraient jamais pensé, mais elles étaient excellentes. La première idée qu'ils ont choisi d'améliorer fut la mêlée quotidienne. Elles prenaient trop de temps et fournissaient trop de détails pour l'équipe, donc nous avons parlé du but d'une mêlée quotidienne. Dans Scrum, c'est une cérémonie pour planifier un objectif quotidien qui contribue à atteindre l'objectif du sprint.

L'équipe décida de rédiger un but quotidien sur leur tableau blanc et d'essayer cette expérimentation sur un sprint. Après le premier sprint, ils pensaient que cela ne les aidait pas beaucoup plus, nous avons donc affiné et approfondi la question. Le problème réel était qu'ils n'approfondissaient pas assez les choses lors de la planification de sprint à tel point que les détails, qui apparaissent habituellement lors de cette réunion, ne venaient pas avant la moitié du sprint voire presqu'à la fin du sprint.

Après quelques sprints, l'équipe a appris à identifier ce qu'il fallait améliorer et comment le faire.

ADAPTER LE 12ÈME PRINCIPE AU CHANGEMENT.

En utilisant ces questions comme guide, comment adapteriez-vous le douzième principe agile au changement ?

1. À quelle fréquence votre équipe du changement réfléchit-elle sur, et affine-t-elle, votre processus de changement ?
2. Comment les parties prenantes sont-elles impliquées ?
3. Qu'en est-il des personnes impactées par le changement ?

PRIORISER VOS PRINCIPES

Le changement organisationnel est comme un Rubik's cube fabriqué en LED qui changent de couleur. Il pourrait devenir plus dur à résoudre à chacun de vos mouvements.

* * *

Il existe tellement de facteurs qui influent sur la façon dont vous abordez le changement :

- Quel est le type de changement ? Une réorganisation ? Une transformation agile ? Une mise en œuvre d'un système ? Un programme d'innovation ?
- Quelle est l'attitude des dirigeants ?
- À quoi ressemble la culture globale ? Qu'en est-il des sous-cultures dans l'organisation ?
- Quelles sont les normes organisationnelles existantes ?
- Quelle est la structure de l'organisation ?

- Comment influence-t-elle le travail ?

Bien que nous ayons examiné les quatres valeurs et les douzes principes jusqu'ici, nous devrions peut-être nous concentrer sur certains plus que sur d'autres.

Il existe un grand jeu nommé "Principes de poches" (Pocket-Sized Principles1) qui aide les équipes à comprendre profondément et à s'approprier les douze principes. Voici son déroulé :

1. Donnez à un groupe les douze principes.
2. Demandez-leur de résumer chaque déclaration en trois mots ou moins.

L'objectif est que le groupe de personnes s'aligne sur une compréhension commune du principe.

Au cours de la dernière décennie, j'ai peaufiné le jeu pour les organisations qui voulaient soit se transformer vers l'agilité, soit devenir plus agiles avec leurs pratiques de conduite du changement.

Une fois la première partie terminée, je pose les questions suivantes :

- Parmi les douze principes, quels sont les trois plus importants pour vous ?
- Parmi les douze principes, quels sont les trois qui seraient les plus durs à suivre ?
- Parmi les douze principes, lesquels pensez-vous vivre à ce jour et pourquoi ?

Les questions varieront selon le contexte mais le but est de rechercher la congruence. Chaque organisation dit, et veut croire, qu'elle vit selon des valeurs éthiques et positives. Ensuite, elle se comporte de manière opposée.

Un exemple pertinent est d'annoncer : *nous valorisons les personnes* - puis d'avoir des comportements qui correspondent à un amendement manquant - *à condition qu'ils soient derrière leur bureau pendant 40 heures par semaine et qu'ils adhèrent aux objectifs de performance.*

NOUS VOULONS TOUS LA MÊME CHOSE.

On m'a demandé de passer une semaine à former une division Recherches & Développement de deux cents personnes qui pratiquaient l'agilité depuis un an mais qui n'avaient jamais formalisé leurs pratiques.

J'ai animé cet exercice avec les dirigeants et tous les membres de l'équipe. Voici les résultats :

#	MOST CHALLENGING	MOST VALUABLE
1	I	IIIII I I I
2	IIII I I	II I I I
3	I	II I I
4	III I I I	II I I I
5	I I	I I I
6	III I I I	I
7	I I	III
8	II I I I	
9	II I I	
10	IIII III I	III I I
11	IIII I II	I
12	IIII I I	IIII I I I

Certaines choses se démarquent.

D'abord, pourquoi le principe 8, le rythme durable, est-il le plus dur à suivre, mais ne représente aucune valeur ?

Ils ont répondu que les gens se sentent surchargés mais qu'ils aiment la précipitation. Quiconque a travaillé dans une start-up connaît ce sentiment. Moi y compris. J'ai travaillé pour beaucoup de start-ups et ce sentiment est simplement incroyable. Insoutenable, mais incroyable.

Deuxièmement, pourquoi le principe 12 sur les rétrospectives est-il le plus difficile et celui qui a le plus de valeur ?

Ils ont répondu qu'ils organisaient des rétrospectives et en obtenaient une certaine valeur mais comme il n'y avait personne pour les faciliter, *la loi du plus fort* l'emportait.

POINTER DU DOIGT.

Beaucoup d'organisations font ainsi. Les personnes au sommet pensent que le problème est dans les équipes, et les équipes pensent que le problème, ce sont les gens au sommet.

Mais ils veulent tous les deux la même chose. Tout le monde veut se sentir apprécié, valorisé et faire partie de quelque chose.

Après avoir fait cet exercice avec les dirigeants et l'équipe, il était clair qu'ils voulaient la même chose. Dès lors, c'était devenu un choix :

- Rendre les équipes agiles.
- Avoir un dialogue plus utile pour aller de l'avant en tant qu'organisation.

Certains managers ont choisi la première option tandis que d'autres ont préféré la seconde. Certains n'ont rien fait. Je ne tape pas sur ces personnes. Je me souviens de mon premier poste de directeur. Je n'étais pas prêt pour cela donc je n'aurais pas pu avoir ce type de conversations utiles sans l'aide d'un coach.

QUELLES SONT VOS PRINCIPALES PRIORITÉS ?

En ouverture de ce chapitre, j'ai montré quelques facteurs qui doivent être pris en considération dans la façon dont vous abordez le changement.

J'espère que vous avez fait les exercices de ce livre, mais sinon, passez en revue les douze principes et choisissez les trois principaux qui seraient les plus importants de votre point de vue pour vous concentrer à créer une approche du changement plus agile.

Ensuite, choisissez les trois principaux qui seraient les plus durs à suivre selon votre contexte.

Partagez ce qui vous est venu et allez voir ce que d'autres ont fait sur changeagility.org

PARTIE III - MA PRISE DE POSITION - LES PRINCIPES MODERNES DE LA CONDUITE DU CHANGEMENT

Il y a quelque temps, j'ai tweeté que l'ajout du mot *agile* à une fonction — marketing agile, conduite agile du changement, tests agiles, ventes agiles, productivité personnelle agile — était une mauvaise compréhension de l'agilité.

C'était probablement une réaction à un article ridicule sur *la façon de transformer votre équipe commerciale en équipe commerciale agile*.

Comme d'habitude, quelqu'un, choisissant de se cacher derrière un pseudonyme et sachant clairement qui j'étais, a répondu : *"Ceux dans les maisons de verre..."* comme un coup de poing direct évident à mon premier livre, Lean Change Management.

J'ai répondu : *"Bien, je l'ai appelé à l'origine 'Comment Jason aime-t-il travailler ?,' mais les groupes de discussions m'ont dit que personne ne l'achèterait."* Ce livre est le livre sur la façon dont j'aime travailler. Il ne s'agit pas de vous donner un cadre méthodologique ou une méthode à suivre. Il s'agit de transmettre le processus de pensée derrière la façon dont je vais être un agent du changement, basé sur et pour tirer le meilleur parti des valeurs fondamentales de l'agilité.

COMMENT JASON AIME-T-IL TRAVAILLER™ ?

J'ai arrêté de compter le nombre de fois où l'on m'a donné un scénario et où l'on me demandait ensuite de quelle façon je le gérerais. Ce livre décrit la méthode de ma folie et vous montre la façon dont j'ai répondu aux questions de la partie II sur la manière d'adapter chaque principe agile au changement.

Si vous avez fait les exercices jusqu'à présent, vous aurez une meilleure idée de ce dont je parlerai ensuite. J'ai été inspiré d'organiser ce livre ainsi grâce à un cours sur le changement organisationnel que j'ai suivi au MIT.

C'était un mélange d'auto-apprentissage en ligne et j'ai adoré le format. Le professeur introduisait un concept, donnait aux participants un énoncé ou un court scénario et nous demandait d'écrire ce que nous ferions et ce que nous pensions de ce qui pourrait se produire.

Vous **deviez** faire l'exercice avant de continuer, et après l'avoir soumis, il y avait une courte vidéo du professeur expliquant comment l'histoire s'est avérée vraie.

J'ai adoré l'idée d'appliquer ce que je savais déjà puis de combler le fossé avec les modèles enseignés. J'ai alors pensé que cela fonctionnerait bien dans ce livre aussi.

C'est aussi l'une des principales raisons d'avoir créé change-wayfinder.com comme un accompagnement continu et vivant de ce livre. Il n'y a pas grand chose que je puisse y mettre mais tellement plus que la communauté globale du changement peut y ajouter. N'oubliez pas de le visiter une fois que vous aurez fini ce livre.

PRENDRE SOIN DES PERSONNES

Notre plus haute priorité est de satisfaire le client en livrant rapidement et régulièrement des fonctionnalités à grande valeur ajoutée.

* * *

QUELLE EST MA PLUS HAUTE PRIORITÉ ?

Ma plus haute priorité est d'aider les personnes à donner un sens à leur contexte afin qu'ils puissent trouver des options pour avancer.

COMMENT PUIS-JE ACCOMPLIR CETTE PRIORITÉ ?

Par défaut, avec une posture de coaching. C'est-à-dire que je vais aider les gens à découvrir des options sans imposer, influencer ou fournir des conseils non sollicités.

QUEL EST L'ÉQUIVALENT EN TERMES DE CHANGEMENT DE FONCTIONNALITÉS À GRANDE VALEUR AJOUTÉE ?

Pour moi, c'est livrer un moment *aha*! mesuré lors d'une session de rétroaction par un processus de décision basé sur les doigts de la main. Par exemple : *"Compte tenu de cette session, quelle était sa valeur pour vous de 0 à 5 ? Levez vos mains, un poing signifie 0, 5 doigts signifie 5, et si c'est 1, s'il vous plaît choisissez le bon !"*

QUE SIGNIFIERAIT *RAPIDEMENT ET RÉGULIÈREMENT* DANS UN CONTEXTE DE CHANGEMENT ?

Pour moi, cela correspondrait au rythme naturel du changement dans l'organisation et à l'incertitude que le changement apporte.

COMMENT AI-JE REFORMULÉ LE 1ER PRINCIPE ?

Notre plus haute priorité est de satisfaire le client en livrant rapidement et régulièrement des fonctionnalités à grande valeur ajoutée.

Ma plus haute priorité est d'aider les clients à donner un sens à leur contexte par le biais de conversations fréquentes et facilitées et par le biais de rétrospectives utiles.

✱ ✱ ✱

COMMENT CELA GUIDE-T-IL MES ACTIONS ?

- En cas de doute, discutez-en.
- Lorsqu'on vous demande de créer un meilleur plan ou une meilleure feuille de route, co-créez.
- Répondez aux questions avec des histoires afin que le client puisse relier l'histoire à ce à quoi elle pourrait ressembler dans son organisation.
- Connectez vos clients à d'autres clients. Une fois, une entreprise cliente, avec laquelle je travaillais, voulait réorganiser leur espace et que, moi, l'expert agile, je le fasse. Au lieu de cela, je les ai emmenés voir un précédent client pour leur montrer à quoi pourrait ressembler une conception impressionnante.

ACCUEILLIR LE CHANGEMENT

Accueillez positivement les changements de besoins, même tard dans le projet. Les processus Agiles exploitent le changement pour donner un avantage compétitif au client.

* * *

QUELLES SONT LES *BESOINS* DU CHANGEMENT ?

Pour moi, c'est de l'ordre de l'engagement. Je vais là où on a besoin de mon aide et je ne m'inquiète pas du fait de ne pas être autorisé à aider une équipe particulière. Cela signifie aussi de défier les erreurs de coûts irrécupérables si le changement porte sur la mise en place d'un nouveau système. Je crois qu'il est de ma responsabilité de laisser les options ouvertes le plus longtemps possible.

TARD DANS LE PROJET EST-IL LE *DERNIER MOMENT RESPONSABLE* OU EST-IL IRRESPONSABLE ?

L'agilité utilise la phrase *dernier moment responsable* pour éviter de prendre des décisions trop tôt. Il y a une fine frontière entre ça et être irresponsable. Pour moi, il s'agit d'aider les personnes à prendre des décisions suffisamment bonnes avec l'information disponible.

Si nous croyons qu'il est très tard pour un changement spécifique, nous devons encore explorer la possibilité de le faire plutôt que d'éviter une conversation difficile.

QU'EST-CE QUI, DANS NOTRE PROCESSUS DU CHANGEMENT, EMPÊCHE LA CORRECTION DE LA TRAJECTOIRE ?

La pensée traditionnelle de la conduite du changement tente de séparer la conduite du changement de la gestion de projet. C'est ce qui nous met souvent dans une position de suivre le plan lorsque l'adaptation au changement est plus pertinente.

QU'EST-CE QUI POURRAIT *CHANGER* LA FAÇON DONT NOUS FAISONS LE CHANGEMENT QUI NOUS RENDRAIT PLUS ADAPTABLE ?

Les boucles de rétroaction entre ce qui se passe pour les personnes impactées et les parties prenantes sont-elles trop longues ? Avons-nous trop de processus pour avoir un processus ?

Ma règle est d'avoir un processus du changement minimum viable qui nous permet de nous concentrer sur les personnes, pas sur le processus.

* * *

COMMENT AI-JE REFORMULÉ LE 2ÈME PRINCIPE ?

Accueillez positivement les changements de besoins, même tard dans le projet. Les processus Agiles exploitent le changement pour donner un avantage compétitif au client.

Laissez les options ouvertes aussi longtemps que possible et détachez-vous du résultat afin que votre opinion ne soit pas en mesure d'entraver ce qui est le mieux pour le client.

* * *

COMMENT CELA GUIDE-T-IL MES ACTIONS ?

- **Congruence**: Quand les clients veulent changer les choses et que vous avez passé beaucoup de temps à essayer de le faire, il est normal de dire : *"Je n'aime pas ça... j'ai passé beaucoup de temps à faire XYZ.."* Soyez fidèles à ce dont vous avez besoin mais prenez le temps de négocier.

- **Exploration des options:** C'est certainement plus une question d'art que de science. Vous pourriez devenir fous à ne rien cadrer. J'aime avoir suffisamment d'idées pour créer des options bien pensées et éventuellement des expérimentations qui ne couvrent pas tout mais qui nous aident à faire un choix bien informé pour aller de l'avant.
- **Conséquence des actions:** Les changements tardifs ont des conséquences et je ne veux pas dire que *le calendrier du projet dit que nous sommes en retard.* Je parle de toute la refactorisation, le recyclage des compétences et l'inévitable confusion qui se produira lorsque l'organisation décidera d'apporter un changement de direction radical pour le changement. Il est important d'informer les personnes des effets d'un manque de clarté sur la direction du changement. Un problème pourrait être que les personnes ont mis leur cœur et leur âme dans quelque chose que les dirigeants considèrent maintenant comme ne pas avoir de valeur. C'est démotivant !

RACCOURCIR LES BOUCLES DE RÉTROACTION

Livrez fréquemment un logiciel opérationnel avec des cycles de quelques semaines à quelques mois et une préférence pour les plus courts.

* * *

QUE LIVRONS-NOUS SI LE CHANGEMENT NE CONCERNE PAS LA CONSTRUCTION DE LOGICIELS ?

Une réponse courante à cela est : *nous offrons des changements de comportements et d'état d'esprit.* Cela peut nous mettre dans un tas d'ennuis. Nous commencerons à chercher des moyens de mesurer des comportements et des états d'esprit, ce qui frise le fait d'être la *police* du changement au lieu d'être des *agents* du changement.

J'aime démarré aussi détaché que possible pour montrer un certain type de livraison ou de progrès tangibles, incluant :

- En demandant aux gens très tôt : *"Étant donné que nous avons fait <ce changement> sur <cette période de temps>, sur une échelle de 0 à 5, pensez-vous que nous allons dans la bonne direction ?"*
- Lorsque les personnes ne voient pas de progrès, je demande : *"De quelles preuves avez-vous besoin pour voir que nous avançons ?"*

Les agents du changement ne devraient **jamais** être les propriétaires du résultat du changement. Parfois, l'organisation s'attend à ce que tout le monde montre la preuve qu'il travaille et, le plus souvent, ce que nous faisons génère des résultats invisibles.

Cela se résume aux attentes, en s'assurant que vous avez défini les attentes appropriées et en ayant de courtes boucles de rétroaction dès le début du changement.

QU'EST-CE QU'UN DÉLAI RAISONNABLE POUR MONTRER DES RÉSULTATS TANGIBLES ?

C'est très difficile avec des transformations agiles ou des programmes pluriannuels. J'ai travaillé avec une organisation gouvernementale dans laquelle un programme de mise en place de SAP sur trois ans ne montrait aucune progression souvent pendant des mois mais dont la phase d'exécution avançait.

Le responsable du changement mit en place un grand management visuel sur un mur et animait une mêlée quotidienne pour les parties prenantes. C'était tout et c'était assez bon à l'époque. Il n'a pas jeté leurs processus existants ou essayer de changer les gens. Il avait une brève conversation hebdomadaire pour rendre visible tout le travail invisible.

QUE POURRIONS-NOUS FAIRE POUR DÉMONTRER DES PROGRÈS ?

Si nous comprenons dès le début que les progrès visibles sont longs, nous avons besoin d'une meilleure façon de fournir cette preuve. Cela pourrait inclure :

- Les résultats des expérimentations.
- Des rétroactions au plus tôt qui provoquent une discussion.
- Les tendances des sentiments, du bonheur et du niveau de stress.

Nous voulons tous une conduite du changement basée sur des données et nous voulons tous désespérément croire qu'il s'agit d'une science.

Très tôt, des preuves empiriques suffisent à prendre des décisions. Si nous savons après deux semaines que tout le monde aime la nouvelle façon de faire les choses malgré le stress et les inconnues, cela nous aide à aller de l'avant.

PARCE QUE NOUS SAVONS QUE DES RÉSULTATS TANGIBLES PRENDRONT BEAUCOUP DE TEMPS, COMMENT ÉVITER LE PIÈGE DES CYCLES LONGS DE RÉTROACTION ?

Il s'agit d'un piège dans lequel tombent des agents traditionnels du changement parce que, au lieu de montrer une preuve vague et empirique que *quelque chose* s'est produit, ils décident de ne rien montrer, si ce n'est encore plus de PowerPoints.

Il est facile de remettre à plus tard des conversations inconfortables en augmentant la longueur des cycles de rétroaction. C'est un peu comme l'idée d'avoir des rapports d'états au vert alors que le projet commence.

Il est logique que nous n'ayons pas de risques puisque nous n'avons encore rien fait, mais n'est-ce pas pire ? Essayez cela :

- **Démarrer les projets avec du rouge :** Mon ami et collègue Andrew Annett dit qu'au démarrage d'un projet vous avez un portefeuille rempli et un cerveau vide. Démarrer vos projets avec du rouge et parler avec les parties prenantes des trois choses les plus importantes que vous avez faites durant la semaine pour passer au vert.
- **Commentaires sur la boucle de rétroaction** : Faîtes une courte rétrospective et une enquête de satisfaction de 0 à 5 sur les doigts avec votre équipe du changement sur l'efficacité de vos cycles de travail.
- **À quel point *court* est-il trop court ?** Il y a une chance que vous ennuierez les personnes en ayant des boucles

de rétroactions trop courtes. Utilisez vos yeux, vos oreilles et votre cerveau pour rester perspicace sur la façon dont les personnes se sentent et réagissent à ce qui peut être perçu comme des réunions inutiles pour commenter que rien n'est accompli.

Une question puissante que j'aime poser est : *"Pensez-vous que nous allons trop lentement ? Trop vite ? Y-a-t-il quelque chose que je devrais faire que je ne fais pas bien en ce moment ?"*

COMMENT AI-JE REFORMULÉ LE 3ÈME PRINCIPE ?

Livrez fréquemment un logiciel opérationnel avec des cycles de quelques semaines à quelques mois et une préférence pour les plus courts.

Rendez visible l'invisible en sachant que le changement ne change pas aussi vite que les fonctionnalités d'un logiciel.

COMMENT CELA GUIDE-T-IL MES ACTIONS ?

Demander trop de commentaires, trop fréquemment, peut devenir ennuyeux assez rapidement. Mes règles sur la rétroaction sont les suivantes :

- Comprenez quels autres changements peuvent être en

concurrence pour le temps et l'attention des personnes. Je vais souvent demander à d'autres personnes comment nous pouvons fusionner ou harmoniser nos efforts de changement, surtout s'il y a chevauchement.
- Je suis optimiste sur la visualisation et je fais tout ce que je peux pour visualiser le travail en personne ou virtuellement pour n'avoir qu'*une seule source de vérité*.
- Équilibrez les preuves empiriques d'avancement avec des résultats (c'est très important dès le début.)

COLLABORER ENTRE LES FONCTIONS

Les utilisateurs ou leurs représentants et les développeurs doivent travailler ensemble quotidiennement tout au long du projet.

* * *

QUELS PROBLÈMES SONT CAUSÉS PAR DES RETARDS DANS LA PRISE DE DÉCISION ?

Il y a tellement d'effets causés par des retards dans la prise de décisions, notamment :

- Découvrir trop tard que le changement est mauvais. Le biais cognitif sur les coûts irrécupérables nous conduit à suivre le plan prédéfini coûte que coûte plutôt que de choisir une option plus réfléchie.
- L'apathie dans les organisations où les gens sont

> désespérés à attendre que les dirigeants prennent des décisions, mais où les dirigeants veulent pousser la prise de décision vers le bas. Après un certain temps, les équipes abandonnent et finissent par faire des choix sans être transparents sur la façon dont la décision a été prise.

Dans le fantastique livre de Johanna Rothman, *Managing Your Project Portfolio*[1], elle raconte une histoire de son travail en tant que responsable de programme. Elle avait trop de projets à faire et avait besoin de les prioriser. Elle a demandé. Et demandé. Et demandé encore.

Enfin, elle a dit quelque chose comme : *"J'ai décidé de prioriser ces projets de cette façon et pour ces raisons en l'absence d'une décision de votre part."*

Le mot *décision* a un sens de finalité en soi, mais cela ne signifie pas que nous ne pouvons pas changer d'avis plus tard. Nous avons simplement besoin d'une décision pour avancer d'un pas.

QUELLES SONT LES STRUCTURES EN PLACE QUI ENTRAVENT LA COLLABORATION INTERFONCTIONNELLE ?

La plupart du temps, les structures organisationnelles se mettent en travers de la route. Un de mes amis, qui travaillait comme coach agile dans une grande entreprise de télécommunications, a été interdit par le directeur de la division de parler à toute équipe hors de son périmètre d'affectation.

Bien que ce soit puéril, si vous regardez plus profondément, il se joue quelque chose d'autre ici. La pire chose qui peut arriver aux dirigeants, c'est d'être les derniers à savoir ce qui s'est passé dans leur département.

Peut-être que vous vous dîtes : *"Puéril?? Oh, ce n'est pas censé être écrit dans un livre professionnel sur la conduite du changement."* Ce à quoi je réponds : *"Allez. Nous embauchons des personnes intelligentes et capables et nous les traitons comme des enfants."* Qualifier ces comportements de puérils est une façon d'inciter le système à changer. Parfois ça marche, parfois tu es licencié. Mais des choses aussi stupides que ça sont un signe clair que l'organisation ne changera jamais.

J'ai travaillé dans une organisation où de nombreuses équipes travaillaient sur le même programme. Chaque équipe voulait faire payer le département d'une autre équipe pour avoir assisté à leurs mêlées quotidiennes dont le but était de coordonner le travail entre les équipes. Ils ont donc décidé de ne pas collaborer afin d'économiser de l'argent.

Il s'agit d'un autre comportement puéril et stupide mais qui est ancré dans de nombreuses cultures organisationnelles, en particulier dans certaines catégories d'entreprise.

Bien que vous devez respecter les structures, dans une certaine mesure, vous devez remettre en question certains de ces comportements stupides.

TRAVAILLER ENSEMBLE AU QUOTIDIEN EST-IL EXAGÉRÉ ? QUE SERAIT UNE ALTERNATIVE RAISONNABLE ?

Ne confondez pas travailler ensemble au quotidien avec la pensée qu'une réorganisation complète doit se produire.

- Demandez aux équipes s'il est acceptable d'assister à leurs mêlées quotidiennes, de créer votre propre mêlée pour l'équipe du changement et demandez au responsable du programme d'y assister.
- Convertissez vos réunions existantes dans un format de mêlée quotidienne ou dans le format d'un lean café.

Il y a tellement de façons de résoudre ce problème dont le cœur est de trouver la bonne cadence qui vous permettra de prendre des décisions au plus tôt.

QUELLES SONT LES CÉRÉMONIES EXISTANTES OU QUELLES SONT CELLES QUE NOUS DEVRIONS CRÉER QUI NOUS PERMETTRAIENT DE RACCOURCIR LES CYCLES DE PRISE DE DÉCISION ?

J'en ai parlé dans le dernier point. Toutes les organisations ont des réunions régulières et, souvent lorsqu'un changement se produit, elles en ajoutent d'autres.

Créez un inventaire des rituels[2] et trouvez comment convertir les cérémonies existantes avant d'en ajouter de nouvelles.

Peut-être que la meilleure histoire que j'ai sur ce principe est la suivante. Je travaillais pour une organisation multinationale avec des agents du changement dans le monde entier. Certains étaient coachs agiles, certains étaient consultants en changement et certains étaient managers.

Au lieu de rivaliser les uns avec les autres, comme de nombreuses équipes fonctionnelles le font, ils ont travaillé ensemble et se sont rencontrés trois fois par mois pour se soutenir mutuellement.

COMMENT AI-JE REFORMULÉ LE 4ÈME PRINCIPE ?

Les utilisateurs ou leurs représentants et les développeurs doivent travailler ensemble quotidiennement tout au long du projet.

Les responsables du changement, les coachs agiles, les ressources humaines et les managers doivent unir leurs efforts en créant de la cohérence entre des initiatives de changement concurrentes.

COMMENT CELA GUIDE-T-IL MES ACTIONS ?

C'est simple pour moi. J'aime savoir ce qui se passe d'autre dans l'organisation. Il est facile de prétendre à l'ignorance lorsqu'il y a des changements concurrents provenant d'un autre département mais il est de votre devoir de poser des questions :

- Que se passe-t-il d'autre actuellement ? Je cherche toujours à comprendre quelles autres forces sont contradictoires avec ce qu'on m'a demandé de faire.
- Quels autres changements se sont produits avant ? Il est important de comprendre l'historique. Si le changement a déjà été essayé, commencer avec une rétrospective pourrait révéler de précieuses informations.
- Qui *fait* la conduite du changement aujourd'hui ? Il peut y avoir plusieurs cabinets de conseils qui font des changements et peut-être des équipes de changement internes, mais aussi des managers ou encore des membres des équipes. J'essaierai souvent de maintenir mes efforts et de m'aligner avec les autres personnes.
- J'encourage les réseaux informels de changement, en particulier en reliant les coaches agiles aux ressources humaines et aux équipes du changement. Ils n'ont peut-être pas besoin de travailler ensemble tous les jours mais ils devraient se synchroniser de temps en temps.

PRIVILÉGIER LA MOTIVATION INTRINSÈQUE

Réalisez les projets avec des personnes motivées. Fournissez-leur l'environnement et le soutien dont elles ont besoin et faites-leur confiance pour atteindre les objectifs fixés.

* * *

COMMENT TROUVEZ-VOUS DES PERSONNES POUR FAIRE PARTIE DU CHANGEMENT ?

D'une manière générale, les personnes les plus loquaces sont motivées. Cela peut signifier qu'elles sont incroyablement favorables ou incroyablement sceptiques. C'est l'énergie dont vous aurez besoin pour faire avancer le changement.

Garder les yeux ouverts sur les personnes motrices, sur les personnes mobilisables et sur les personnes inébranlables qui ont de l'énergie et puisez dedans.

Par exemple, dans l'organisation dont j'ai parlé dans *Lean Change Management*, nous avons commencé avec des sessions de lean café et les analystes métiers n'arrêtaient pas de se présenter chaque semaine. Nous savions que nous avions des personnes fortement motivées donc nous avons travaillé en étroite collaboration avec elles.

QU'EST-CE QUI POURRAIT DÉMOTIVER LES GENS ?

Ne sous-estimez jamais le sentiment de perdre sa capacité à faire des choix. Si nous poussons trop le changement, les gens peuvent paraître démotivés parce qu'ils ont le sentiment de ne pas avoir le choix.

Un autre problème pourrait être l'incongruence. Par exemple, les dirigeants veulent que la transformation agile réussisse mais ils ne permettront pas aux représentants des métiers de parler directement avec les développeurs.

Peut-être que la personnalité la plus influente de l'équipe est contre le changement et que tout le monde le soutient par peur de s'exprimer.

Ne concluez jamais à la résistance au niveau individuel; recherchez les effets systémiques et dynamiques en premier.

DE QUELLES AIDES ET DE QUELS SOUTIENS ONT-ILS BESOIN ?

Une partie de la réponse est votre intuition. Alors que je travaillais en tant que Scrum Master, un membre de l'équipe a déclaré à la mêlée quotidienne : *"Hier j'ai travaillé sur X, aujourd'hui je vais continuer à travailler sur X, pas de blocage."*

Ayant répété cette phrase pendant trois jours consécutifs, je savais donc qu'il était bloqué. Mon travail fut de lui parler par la suite pour voir s'il avait besoin d'aide.

Le soutien n'est pas seulement aider et soutenir les gens en tant qu'agents du changement. Il s'agit surtout de travailler sur les points bloquants du système que les personnes ne peuvent résoudre par elles-mêmes.

Dans une organisation, le directeur ne savait pas pourquoi l'équipe avait encore besoin de plus de temps et de budget pour terminer un vaste programme. En tant que coach, j'ai demandé à l'équipe si je pouvais *dérogé au protocole* et lui apporter notre diagramme de flux cumulés (CFD).

Le diagramme de flux cumulés montraient que pour chaque fonctionnalité que nous finissions, le métier en ajoutait deux autres. J'ai dit à l'équipe qu'il était probable qu'ils auraient des ennuis, y compris moi qui aurait enfreint le protocole, mais ils m'ont répondu que cela leur convenait.

Soyez clairs sur la façon dont vous pouvez aider et laissez les personnes décider afin de ne pas vous faire passer pour un magouilleur.

QU'EST-CE QUI LES BLOQUE DANS LEUR ENVIRONNEMENT ?

Nous supposons toujours que les gens ne sont pas motivés lorsque nous ne voyons pas de changement se produire. Parfois ils sont motivés mais le changement est trop dur, il y a trop de choses à faire dans le travail quotidien ou il y a trop d'obstacles.

Un parfait exemple est lorsque les organisations en pleine transformation agile renomment les équipes existantes en équipes Scrum et maintiennent les personnes affectées sur sept projets.

Lorsque l'équipe ne livre pas, nous supposons qu'ils résistent ou qu'ils sont démotivés. Le pire que j'ai vu était un projet de huit personnes avec un chef de projet, un développeur et six analystes métiers dans trois fuseaux horaires différents. Voici la partie amusante : seulement huit pourcents du temps du développeur était alloué au projet. J'étais chargé de rendre ce projet agile; ce qui était peine perdue parce que personne ne se concentrait sur ce qui devait être livré.

Toutes les organisations sont coincées d'une façon ou d'une autre. D'après mon expérience, c'est généralement à cause de facteurs systémiques. Bien sûr, quelques personnes peuvent aussi ne pas être motivées ou penser que le changement est stupide, ce qui n'aide pas les choses.

Bienvenue dans le monde passionnant d'un agent du changement !

LA CONFIANCE EST UN MOT LOURD DE SENS ; QUE SE PASSE-T-IL S'ILS FONT DES ERREURS ?

J'ai appris un bon conseil du livre de Patrick Lencioni, *Getting Naked*[1]. Un de ses modèles de "consultation vulnérable et authentique" est de prendre la balle à la place du client.

À la place, j'utilise l'expression *sortir libre de prison*, mais puisque ces deux métaphores sont négatives, je pourrais avoir à en chercher une plus positive pour mon prochain livre !

Peu importe, ignorez toutes ces absurdités autour de l'acceptation des erreurs, d'échouer mieux ou toute autre déclaration à la mode que vous pourriez voir. Ils ne m'ont jamais été utiles. C'est pourquoi je fais la promotion de la grille de célébration de Jurgen Appelo[2]. Elle se concentre sur la zone massive grise entre le succès et l'échec mais, à la base, vous apprenez de toutes les expériences.

Il est plus important de laisser les émotions se dissiper après l'échec présumé puis d'effacer l'ardoise avec une conversation rationnelle.

Chaque fois que nous avons fait face à un problème, un de mes dirigeants préférés aimait toujours dire : *"Ok tout le monde, allons comprendre comment sortir la vache du fossé !"* C'était une excellente façon de faire savoir à l'équipe que oui, nous avions un problème, mais que ce n'était pas la fin du monde.

Une fois encore, Jerry Weinberg à la rescousse ! Il a dit un jour que le problème n'est pas le problème, que souvent le problème est la *réaction* au problème.

UNE HISTOIRE BRÈVE.

En 2012, j'étais coach agile senior dans une organisation et notre équipe avait quelques coachs agiles junior. Notre équipe a toujours travaillé ensemble comme des pairs plutôt qu'en tant que coachs junior/senior. Je peux vous dire ce secret concernant ce sujet tant que vous ne le dites à personne.

Senior et *junior* ne sont que des étiquettes de division du travail. Elles étaient une façon, d'un point de vue des ressources humaines, de nous payer différemment. Un exemple de division du travail était que seuls les coachs *senior* pouvaient parler aux cadres supérieurs. Nous avons dit à notre responsable que toutes les personnes junior devraient avoir le même titre afin qu'elles puissent avoir le même salaire parce que la différence dans le titre n'avait pas de sens pour le type de travail que nous faisions.

Pour aider à expliquer cela à la direction, j'ai animé une session intitulée Product Box[3] pour que les coachs junior trouvent ce qui les motivaient. Après cela, l'autre coach senior et moi avons commencé à trouver des opportunités dans l'organisation qui les aideraient à y arriver. Le responsable nous a dit, à l'autre coach senior et à moi, qu'il avait décidé de changer les titres mais il nous demandait si cela nuirait à notre sentiment de statut, ce qui était appréciable. Je vois comment cela pouvait être un problème mais cela n'avait pas d'importance ni pour lui ni pour moi.

Après cette conversation, tout le monde fut *promu* et c'était tout.

L'un des coachs junior m'a dit ce que j'avais dit à Johanna de nombreuses années auparavant à la conférence AYE. "Je pense que je veux faire ce que tu fais." J'ai proposé de travailler avec lui pour co-développer et co-présenter une session à la conférence Agile Alliance[4] qui était, à l'époque, la conférence agile annuelle la plus significative attirant près de trois milles personnes.

* * *

COMMENT AI-JE REFORMULÉ LE 5ÈME PRINCIPE AGILE ?

Réalisez les projets avec des personnes motivées. Fournissez-leur l'environnement et le soutien dont elles ont besoin et faites-leur confiance pour atteindre les objectifs fixés.

Permettez aux personnes motrices de faire leur meilleur travail, éliminez les obstacles organisationnels et prenez congés.

* * *

COMMENT CELA GUIDE-T-IL MES ACTIONS ?

- **Je soutiens les sceptiques** : il y a toujours des personnes qui semblent opposées au changement. Il se pourrait qu'ils aient une meilleure idée ou que cela puisse signifier qu'ils détestent aussi leur travail. Bien que je les soutienne, je ne concentre pas mon énergie sur ce sujet alors que la conduite traditionnelle du changement dit que vous devez identifier et surmonter la résistance. C'est beaucoup trop épuisant.

- **Activer les personnes motrices** : De l'autre côté du spectre et sans devenir trop politique j'agis comme un bouclier pour les personnes motrices. Les personnes motrices sont ces personnes qui soutiennent pleinement le changement et qui veulent y aller. Parfois, ils ont besoin d'un allié externe qui peut prendre une partie du feu ennemi.
- **Changer ma position** : Alors que nous travaillions dans une grande entreprise des télécommunications, nous avons approché la première série d'équipes en tant que *coachs* parce qu'elles étaient très motivées pour essayer les pratiques agiles. Quand fut venu le temps d'embarquer la vague suivante des équipes, j'ai demandé aux personnes des équipes de la première vague de raconter leurs histoires aux nouvelles équipes. Au lieu d'aborder la deuxième vague en tant que *coach*, je l'ai abordé en tant que *formateur*.

ÊTRE AU CONTACT PLUTÔT QU'UTILISER LA TECHNOLOGIE

La méthode la plus simple et la plus efficace pour transmettre de l'information à l'équipe de développement et à l'intérieur de celle-ci est le dialogue en face à face.

* * *

QUI SONT LES PARTIES PRENANTES ?

Ce principe fait référence à l'équipe de développement. Supposons que cela signifie votre équipe du changement. Toutes les équipes du changement, qui voulaient adopter une façon agile de conduire le changement et avec lesquelles j'ai travaillé, organisaient une mêlée quotidienne.

Les parties prenantes étaient invitées si elles voulaient des détails quotidiens. Parfois les mêlées quotidiennes avaient lieu tous les deux jours ou tous les quelques jours.

La clé est de revenir à l'intention. À quelle fréquence l'information change-t-elle ? Quel est le rythme du changement ? Ne communiquez pas tous les jours si vous n'en avez pas besoin.

Le face-à-face, même par vidéo, est tellement rapide et facile, essayez-le d'abord et ajustez si nécessaire.

QUEL EST LE RISQUE DE NE PAS AVOIR D'INTERACTION EN FACE-À-FACE ?

C'est plus difficile dans un monde post-COVID. Ce n'est pas seulement que les interactions en face-à-face sont parfois impossibles, mais c'est aussi qu'elles conduisent à l'épuisement d'être connecté. Lorsque la COVID frappa, tous les experts du travail à distance arrivèrent sur la toile, suivis de prêt par les experts de la fatigue sur Zoom mettant en garde contre l'exagération de son utilisation.

Si nous opérons dans une culture du travail à distance, l'absence d'une conversation utile pose-t-elle des problèmes ? Y'a-t-il trop de points de contact ?

Parfois Slack, ou tout autre outil de discussion en ligne, est assez bon donc utilisez votre bon sens.

EN QUOI LE RYTHME DU CHANGEMENT DIFFÈRE-T-IL DANS UNE CULTURE DU TRAVAIL À DISTANCE ?

Une fois encore, cela est principalement relié à la vie dans un monde post-COVID. Beaucoup d'agents du changement que je connais mentionnent que leurs changements sont au point mort.

Certains estiment qu'ils ont besoin de pousser malgré les obstacles. Alors que ce principe concerne la communication de visu, le fait de ne pas être en mesure d'avoir des conversations en face-à-face est une perturbation qui peut vous aider, dans un premier temps, à réévaluer le changement.

Si le rythme ralentit et que cela n'a pas d'importance, cela pourrait être un signe que le changement, dans sa forme actuelle, n'est plus la bonne chose à faire.

À QUEL POINT SERAIT-IL PERTURBATEUR ET LOGISTIQUEMENT DÉLICAT ?

J'ai travaillé dans une autre grande banque qui avait des bâtiments partout dans le centre-ville. J'ai intentionnellement planifié mes journées pour avoir des temps d'échanges en face-à-face avec les gens, sachant que j'aurais à marcher beaucoup. Je faisais de l'exercice tout en créant plus de relations.

Faîtes l'effort supplémentaire pour construire une connexion mentale plus forte. Une fois, trois autres coachs et moi-même avons facilité une vaste rétrospective avec quarante personnes dans la pièce et soixante autres, ou plus, par conférence téléphonique. Nous avons synchronisé un mur physique de post-its avec un mur virtuel, ce qui a demandé beaucoup d'efforts. Ce n'est pas quelque chose que j'aimerais faire régulièrement.

Pourquoi ? Vous demandez-vous pourquoi ne pas simplement demander à tout le monde d'être à distance ? La raison de faire ainsi était de montrer les possibilités de l'équipe interne de coaching. Cette organisation avait une pathologie commune appelée "impossibilité-isme". Nous suggérions quelque chose, ils répondaient toujours par : *"c'est impossible !!"*

Nous devions donc leur montrer comment enlever leurs œillères.

UNE HISTOIRE BRÈVE.

Avant la COVID-19, lorsque nous étions autorisés à sortir de nos maisons, je travaillais avec une grande entreprise de télécommunications dans laquelle les représentants métiers travaillaient dans un bâtiment et l'équipe IT dans un autre situé à environ quarante kilomètres.

Je me souviens de notre première revue de sprint où la pauvre Scrum Master était au téléphone, faisant patienter les équipes métiers pendant que les développeurs réglaient un dernier bug qui aurait tué la démonstration.

D'une voix calme, elle a dit : *"Merci à tous de nous avoir rejoints, nous sommes juste sur le point de nous mettre en place et nous attendons quelques personnes donc nous allons commencer dans quelques minutes."*

PARTIE III - MA PRISE DE POSITION - LES PRINCIPES MODERNE...

Puis elle a coupé le micro, s'est penché par la porte ouverte de la conférence et a crié : *"LES GARS !!!! EST-CE QUE ÇA FONCTIONNE MAINTENANT ?!?!?!"*

Durant l'une de nos rétrospectives, le problème de distanciation physique s'est posé, et l'équipe a accepté une rotation entre les lieux accueillant leur planification de sprint et les sessions de revues de sprint. Pour le sprint suivant, les personnes du centre-ville décidèrent de conduire jusqu'aux quartiers chics, et le sprint d'après, les gens des quartiers chics devraient conduire jusqu'au centre-ville.

Vous pensez peut-être que c'est une perte de temps, et vous avez peut-être raison, mais ce n'était ni votre équipe ni votre problème, ni le mien. Ils sont arrivés à cette solution car c'était mieux pour eux.

Votre équipe pourrait faire ça à distance, cette équipe avait besoin d'être en face-à-face pour créer des connexions plus fortes.

Bien que ce principe parle de conversations en face-à-face, cela ne signifie pas en personne. Oui, l'équipe avec laquelle j'ai travaillé préférait se déplacer entre les endroits mais s'ils ne le pouvaient pas, la visioconférence était mieux que rien.

C'est important parce que je travaillais dans une autre organisation dans laquelle jamais personne n'allumait sa caméra lors des visioconférences.

Ils utilisaient un outil pour la vidéo, et des ponts de téléconférence pour l'audio. Vous entendiez le signal sonore lorsque quelqu'un rejoignait la discussion mais personne ne se présentait. C'était amusant, et triste, de voir les gens dans la salle s'inquiéter et demander : *"Euh, qui nous a rejoint ? Bonjour. Quelqu'un nous a-t-il rejoint ?"*

Bien que ce soit le signe d'un problème de confiance, encore une fois, face-à-face ne veut pas dire en personne. Cela signifie simplement faire tout ce dont nous avons besoin pour nous voir comme des humains.

COMMENT AI-JE REFORMULÉ LE 6ÈME PRINCIPE ?

La méthode la plus simple et la plus efficace pour transmettre de l'information à l'équipe de développement et à l'intérieur de celle-ci est le dialogue en face à face.

La proximité mentale importe plus que la proximité physique. Les gens travaillent mieux ensemble sur le changement lorsqu'ils se considèrent comme des personnes et, de façon générale, les interactions en face-à-face le rendent possible.

COMMENT CELA GUIDE-T-IL MES ACTIONS ?

- **Établir des relations** : Je prends le temps d'établir des relations et de donner l'exemple des comportements qui s'alignent sur les valeurs et les principes de l'agilité.
- **Je donne l'exemple du comportement** : D'après

l'histoire de ce chapitre, je voudrais toujours allumer ma caméra et m'annoncer lors d'une conférence. Je veux que tout le monde le fasse, spécifiquement s'il ne s'agit pas d'une habitude culturelle.

- **Une touche plus humaine :** J'utilise ce principe pour travailler à réhumaniser le lieu de travail. Si des gens voient d'autres personnes comme des êtres humains, ils sont plus susceptibles d'être ouverts à la compréhension des différents points de vue.

ADAPTER LES INDICATEURS

Un logiciel opérationnel est la principale mesure d'avancement.

***

QUEL EST L'ÉQUIVALENT EN TERMES DE CHANGEMENT D'UN *LOGICIEL OPÉRATIONNEL* ?

La réponse est évidente si votre changement concerne la mise en place d'un logiciel ! Néanmoins, il y a de meilleurs indicateurs qui peuvent être utilisés plus tôt, en particulier pour de vastes programmes d'implémentation durant lesquels vous ne voyez généralement rien de tangible pendant des semaines ou des mois.

Au début d'un changement, j'aime utiliser des diagnostics et demander : *"quelle preuve avons-nous qui nous indique que nous allons dans la bonne direction ?"* Elle n'a même pas besoin d'être précise. Une donnée imprécise est meilleure qu'aucune donnée, à mon avis ! Par exemple :

- Le vote avec les doigts : Utilisez une échelle de 0 à 5 soit en personne avec les doigts, soit par le biais de sondages en ligne si vous avez besoin de commentaires d'un grand nombre de personnes.
- Cela fait <cette durée> que nous avons commencé <ce changement>, à quel point est-il meilleur jusqu'à présent ? 0 = bien pire, 5 = beaucoup mieux.
- Cela fait <cette durée> que nous avons commencé <ce changement>, pensez-vous que toute l'organisation y est engagée ?
- Voici les résultats que nous visons : <listez les résultats>. Pensez-vous que ce sur quoi nous nous concentrons nous y amènera ? 0 = nous avons besoin d'un sérieux demi-tour, 5 = nous sommes sur la bonne voie.

Il existe une infinité de combinaisons pour ces questions. La clé est de trouver les bonnes qui nous fournissent *quelques* preuves que ce que nous faisons est une bonne chose, même si nous ne pouvons pas encore voir quelque chose de tangible.

COMMENT FAITES-VOUS LA DISTINCTION ENTRE "MONTRER L'AVANCEMENT (OU LES PROGRÈS RÉALISÉS)", LE BESOIN QU'ONT LES GENS D'AVOIR UN RETOUR SUR INVESTISSEMENT ET D'AUTRES INDICATEURS TARDIFS DE SUCCÈS ?

C'est délicat. Les gens aiment les indicateurs et les tableaux de bord, et nous *pensons* que c'est ce que veulent les dirigeants. Je peux vous promettre que non, même si c'est ce qu'ils demandent.

Les dirigeants et les parties prenantes, comme la plupart des personnes dans les organisations, sont occupés. Ils veulent des données qui les aident à prendre des décisions.

Tout le monde veut croire que le temps et l'argent investis dans un changement en valent la peine mais le retour sur investissement et le changement transformationnel sont comme l'huile et l'eau. Ils ne se mélangent pas.

J'ai travaillé dans une organisation dans laquelle des consultants externes ont publié sur leur site internet un document sur la façon dont cette organisation utilisait leur méthode et avait constaté une augmentation de quatre cents pourcents de sa productivité.

Comment l'ont-il mesuré ? L'article ne le mentionne pas.

Bien sûr, cette organisation avait facilement dépensé plus de deux millions de dollars pour ces consultants, alors ils leur fallait sacrément mieux qu'un faible retour sur investissement !

Je suis un peu cynique au sujet des indicateurs parce qu'ils sont si souvent mal utilisés. Une bonne pratique, que j'utilise moi-même, est que si l'indicateur est facile à trouver et à mesurer alors il s'agit probablement d'un mauvais indicateur, simplement parce que nous n'y avons pas réfléchi.

ALORS QUE LE *LOGICIEL FONCTIONNEL* EST LA PRINCIPALE MESURE D'AVANCEMENT, QUELLES SONT LES AUTRES ?

J'en ai parlé à quelques reprises. Mon travail est de proposer des options et de laisser l'organisation choisir :

- Le changement rend-t-il le travail des personnes plus facile ?
- Les gens sont-ils plus heureux ?
- Les gens qui payent pour les projets sont-ils plus satisfaits ?
- Les utilisateurs finaux demandent-ils moins de support ?
- Le niveau de stress des employés diminue-t-il ?
- Augmentons-nous les profits ?

Utilisez les métriques pirates du Lean Startup (AARRR):

- **Acquisition** : Comment les utilisateurs vous trouvent-ils ?
- **Activation** : Ont-ils eu une excellente première expérience ?
- **Rétention** : Sont-ils revenus ?

- **Recommandation** : En parlent-ils à d'autres ?
- **Revenus**: Nous ont-ils payés ?
- Utilisez les objectifs et résultats clés (OKRs.)

QUAND ET COMMENT FERIEZ-VOUS ÉVOLUER VOS INDICATEURS AU FIL DU TEMPS ?

Utilisez des diagnostics dès le début jusqu'à ce que vous sachiez que la direction que vous avez choisie est la bonne.

À mesure que la certitude augmente, faites évoluer vos indicateurs en objectifs à court-terme et en résultats clés.

À mesure que le changement arrive à son terme, réfléchissez à toutes les mesures utilisées, à quel point elles ont été utiles et à la façon dont vous pourrez les modifier pour le prochain changement.

À ce stade, les indicateurs devraient davantage se concentrer sur les résultats tangibles mais, malgré cela, nous avons tendance à mettre à jour l'indicateur pour correspondre au retour sur investissement que nous avons mis dans notre analyse de rentabilité. Vous devez décider s'il est plus important de jouer le jeu de l'entreprise ou de faire quelque chose d'utile.

Cette dernière partie est importante. J'ai mentionné que j'étais cynique à l'égard des indicateurs mais, parfois, il est essentiel que les gens se sentent bien pour que l'effort du changement en vaille la peine.

Utilisez votre bon sens pour équilibrer les diagnostics, qui vous aident à suivre le bon chemin, et les mesures qui justifient l'investissement du changement.

Pour moi, il s'agit de rendre visible l'invisible et de donner aux personnes des options pour trouver des indicateurs utiles dans les organisations.

La satisfaction des employés, des clients, des parties prenantes sont toujours mes indicateurs incontournables parce qu'elles sont quantifiables (comme le score net de promoteurs) et qu'elles provoquent ainsi la discussion.

La pire chose qui puisse arriver est de remplacer nos conversations par nos manuels, nos plans et nos tableaux de bord.

COMMENT AI-JE REFORMULÉ LE 7ÈME PRINCIPE ?

Un logiciel opérationnel est la principale mesure d'avancement.

Les diagnostics imprécis nous aident à voir l'avancement et nous donnent la capacité de suivre le bon chemin plus tôt.

COMMENT CELA GUIDE-T-IL MES ACTIONS ?

Les débats font rage depuis plus d'une décennie sur la façon de mesurer l'efficacité d'un coach agile. J'utilise toujours un score net de promoteurs modifié :

- Quelle est la probabilité que vous recommandiez Jason comme coach ?
- Quelle est la valeur d'avoir Jason comme coach ?
- Pourquoi avez-vous donné la note que vous avez donné ?

Cela me dit deux choses :

1. Les personnes voient que je suis ici pour aider parce que je rends mes commentaires publics. Si la note est basse parce que je n'ai pas été utile, ils peuvent me renvoyer ou je peux partir.
2. Les personnes voient une façon différente de mesurer un changement complexe et ça les aide à trouver des indicateurs plus utiles.

Voici un exemple :

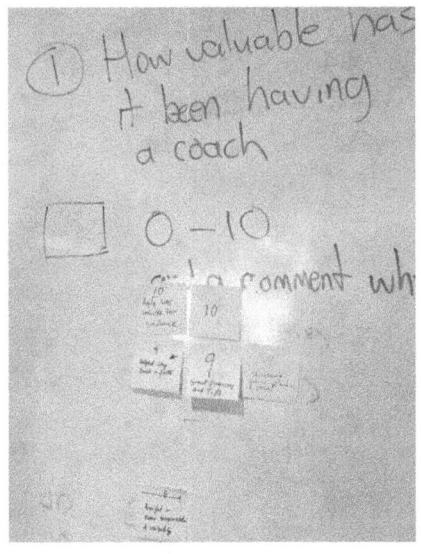

S'ADAPTER AU RYTHME

Les processus Agiles encouragent un rythme de développement soutenable. Ensemble, les commanditaires, les développeurs et les utilisateurs devraient être capables de maintenir indéfiniment un rythme constant.

* * *

QUEL EST LE RYTHME NATUREL DE CHANGEMENT DE L'ORGANISATION ?

Toutes les organisations ont un rythme naturel du changement. Les grandes organisations changent moins vite que les petites, mais elles ont toutes des périodes spécifiques où consacrer du temps au changement fonctionne mieux qu'à d'autres périodes.

Un excellent exemple est une organisation, avec laquelle j'ai parlé mais n'ai pas travaillé, qui voulait commencer une transformation agile en septembre. C'était quelques semaines après avoir finalisé leur feuille de route et leur budget annuel. Il s'agit d'un modèle courant dans les grandes organisations. Août est le mois pour faire le plan annuel de l'année suivante, pour verrouiller le budget, les effectifs et s'aligner avec les objectifs RH et sur la gestion de la performance.

De leur point de vue, ils avaient affecté des fonds, ils avaient le plan et maintenant ils voulaient l'exécuter de façon agile. Je leur ai dit aimablement que cela ne fonctionnerait pas et qu'il n'y avait rien qu'ils puissent faire à cause de l'inertie trop importante de l'organisation :

- Les mandats de prestations ne pouvaient pas être modifiés.
- Les attentes des parties prenantes, du conseil d'administration et des actionnaires étaient déjà établies.
- Les objectifs métiers étaient définis et reliés aux résultats attendus des projets.

Tout est une question de bon moment. Si la planification de l'année suivante est déjà remplie à 100%, y ajouter un changement complexe, qui est surtout en contradiction avec leur réalité actuelle, va stresser tout le monde.

Dans une organisation différente, la période de mi-novembre à fin décembre était leur haute saison. Aucune nouvelle fonctionnalité ou changement métier ne se produirait parce que la période des fêtes était la période la plus cruciale pour la génération de leurs revenus.

Pour eux, septembre était le moment idéal pour se former et changer des choses, il était donc temps d'expérimenter et d'apprendre.

Vous devez reconnaître les bons points d'intervention, ce qui déclenche le changement, comment le changement est accepté et quel est le rythme naturel du changement pour l'organisation.

QUEL TRAVAIL QUOTIDIEN EST EN CONCURRENCE AVEC LE CHANGEMENT ?

Encore une fois, le problème est généralement lié à un manque de cohésion. Par exemple, au début de ma carrière d'agent du changement, j'aurais pris mes décisions sur la façon de conduire le changement et j'aurais parachuté mes ordres dans une équipe qui n'aurait pas été prête.

Dans beaucoup de cas, les équipes ont des échéances qui demandent leur attention. Passer à une approche basée sur l'attraction (flux tiré) fonctionne bien dans une situation où il y a plusieurs équipes. Les équipes qui sont prêtes peuvent "tirer" le changement, les équipes qui ne sont pas prêtes peuvent reporter à plus tard.

QUI EST SURCHARGÉ DE TRAVAIL ?

Cela contredit mon point précédent mais c'est important de le prendre en compte. J'ai travaillé pour ma première start-up en

2000. Je déployais manuellement en production toute une nuit, une fois par semaine, parce qu'il fallait le faire.

Au fur et à mesure que nous grandissions, nous embauchions plus de personnes, et rapidement. Quelques-uns des autres développeurs m'ont persuadé de ralentir afin qu'ils puissent construire ensemble un outil approprié pour automatiser quelque chose que j'avais initialement bricolé.

Finalement, j'ai laissé mon ego de côté et j'ai écouté.

Certaines personnes s'opposeront toujours à ce qu'on leur enlève leur temps et c'est notre responsabilité de trouver le bon équilibre entre la poussée et l'attraction.

D'OÙ VIENT LA *FORCE QUI POUSSE* POUR LE CHANGEMENT ?

En parlant de poussée, qui demande le changement ? Pourquoi le demandent-ils et pourquoi, en tant qu'agents du changement, pensons-nous que nous devons pousser ?

J'ai grandi en faisant du sport en clubs, j'ai donc développé un profond esprit de compétition. Il y a des moments où je veux faire quelque chose juste parce que j'ai envie de le faire.

Ce livre est un excellent exemple. J'ai écrit l'ensemble en une semaine et j'ai tout figé. J'ai fait quelques corrections lors de la relecture mais le but était de le faire parce que j'aurais pu reformuler ces pages pendant une éternité.

Vous devez comprendre d'où vient la poussée et obtenir de la clarté quant à l'importance d'aller vite. Tout le monde a un patron. Les ordres que vous avez de votre patron sont donc susceptibles de ruisseler sur quelqu'un d'autre. Demandez :

- Que se passerait-il si nous arrêtions ce changement pour l'instant ?
- Y'a-t-il une façon moins perturbatrice de s'y prendre ?
- Devrions-nous accroître les perturbations afin de faire passer les gens à l'action ?

* * *

COMMENT AI-JE REFORMULÉ LE 8ÈME PRINCIPE ?

Les processus Agiles encouragent un rythme de développement soutenable. Ensemble, les commanditaires, les développeurs et les utilisateurs devraient être capables de maintenir indéfiniment un rythme constant.

APPLIQUER l'agilité au changement me donne la possibilité d'équilibrer une approche poussée/attraction du changement afin que nous puissions consacrer du temps au changement quand nous serons prêts.

* * *

COMMENT CELA GUIDE-T-IL MES ACTIONS ?

- **Prenez conscience de l'entreprise :** vos yeux, vos oreilles, votre cerveau sont vos alliés les plus importants.

Promenez-vous et observez à quel point les personnes sont fatiguées ou pleines d'énergie.
- **Cherchez les points d'intervention :** Je prends le temps de comprendre les rituels existants de l'organisation et leur rythme pour aider mes clients à explorer des options qui équilibrent la poussée et l'attraction du changement. Il est probable que vous pouvez obtenir du temps des personnes en vous greffant à un rituel existant.
- **Une approche basée sur l'attraction :** J'ai mentionné cette histoire dans *Lean Change Management*. L'un des consultants avec qui nous travaillions a commencé à utiliser des tableaux Kanban du changement qui permettaient aux équipes de tirer le changement lorsqu'elles étaient prêtes. Si une équipe était face à une échéance difficile, nous la laissions tranquille. Si elles étaient dans une accalmie, nous passions plus de temps avec elles. Bien que ce soit difficile à quantifier, cela a réduit le stress des personnes dans les équipes parce qu'elles pouvaient se concentrer sur la livraison, pas sur le changement. Quand ils avaient plus de temps, ils pouvaient se concentrer sur le changement. Le calendrier était basé sur l'attraction et sur la demande, et non poussé par un plan prévisionnel.

ADAPTER LE PROCESSUS DU CHANGEMENT

Une attention continue à l'excellence technique et à une bonne conception renforce l'Agilité.

***

AGILE CONTRE AGILE : QU'EST-CE QU'ÊTRE RIGOUREUX ET QU'EST-CE QUE CHANGER LES CHOSES DÈS QU'ON EN A ENVIE ?

Il serait facile d'adapter ce principe au changement en l'interprétant comme étant une question de bonnes pratiques.

Nous pourrions concevoir un processus magnifique sur le papier qui échouerait lamentablement dans le monde réel, un peu comme un architecte peut sur-concevoir une solution qui semble excellente sur le papier.

C'est une chose difficile à admettre. Nous voulons tous croire que nous sommes les agents du changement les plus compétents mais, pour moi, ce principe consiste davantage à adapter l'approche au contexte.

Un excellent exemple est le modèle d' *Usine Digitale* que chaque banque, compagnie d'assurance et entreprise de télécommunications ont mis en place vers 2014. La plupart d'entre nous, les coachs agiles les plus anciens, connaissaient cela dès le début des années 2000 mais il n'y avait aucun moyen qu'elles n'écoutent avant d'avoir appris pourquoi elles devaient l'essayer.

J'ai travaillé avec une organisation qui envoyait ses exigences par courriels dans les deux sens. Il lui aurait été impossible de passer à une pratique avancée intitulée développement piloté par le comportement (BDD) avant que les personnes n'aient d'abord appris une pratique plus basique comme les user stories.

En revanche, dans une autre organisation, ils étaient bien au-delà des user stories mais prétendaient qu'ils débutaient dans l'agilité. Leur niveau de maturité m'a indiqué qu'ils n'avaient pas besoin de quelque chose d'aussi basique et qu'il était approprié de commencer avec quelque chose de plus avancé.

Dans le changement, c'est identique. Si les personnes dans différents départements ne se parlent même pas, leur dire qu'ils doivent changer d'état d'esprit ne fonctionnera probablement pas.

Voyez là où ils en sont et accordez-vous sur un petit pas pour aller de l'avant.

QUEL EST L'ÉQUIVALENT EN TERMES DE CHANGEMENT D' *EXCELLENCE TECHNIQUE* ET DE *BONNE CONCEPTION* ?

C'est difficile. Pour moi, il s'agit moins de pratiques. Dans l'ingénierie logicielle, l'excellence technique et une bonne conception nous aident à changer rapidement notre logiciel en toute sécurité.

Dans le changement, nous avons affaire à la perception. C'est-à-dire la façon dont les gens comprennent le sens du changement, la direction vers laquelle ils se dirigent et comment nous y parvenons. C'est plus dur de comparer le changement à un logiciel.

Pour moi, ça devient plus une attitude d'avoir des boucles de rétroaction qui nous aident à réfléchir sur le changement et sur l'approche que nous prenons pour mettre en œuvre le changement.

COMMENT SAVEZ-VOUS SI VOUS AVEZ ATTEINT L'ÉQUIVALENT EN TERMES DE CHANGEMENT DE L'EXCELLENCE TECHNIQUE ET D'UNE BONNE CONCEPTION ?

Encore une fois, c'est plus facile dans l'ingénierie logicielle. Si une partie prenante veut ajouter un champ à une page et que l'équipe revient avec une estimation de six mois, alors la conception est probablement très mauvaise.

Dans l'ingénierie logicielle, vous avez des tests et des builds automatisés qui vous donnent immédiatement un retour sur l'état de votre solution. Dans le changement, une bonne indication est le nombre de personnes qui se plaignent de devoir suivre des processus inutiles.

Un autre excellent indicateur est le nombre de fois où une partie prenante ou un membre de l'équipe veut changer quelque chose au sujet du changement et que le processus se met en travers de la route.

Supposons que vous suivez le cadre méthodologique Scrum qui est divisé en périodes de deux semaines appelées sprints. Imaginez que quelque chose change radicalement le premier jour du sprint, attendriez-vous jusqu'à ce que le sprint soit terminé parce que vous vous êtes déjà engagés sur un périmètre de travail conséquent ?

COMMENT AI-JE REFORMULÉ LE 9ÈME PRINCIPE ?

Une attention continue à l'excellence technique et à une bonne conception renforce l'Agilité.

Un processus de changement bien conçu nous donne la capacité d'aider et de soutenir les personnes sans nous mettre en travers de la route dans l'intérêt d'avoir des pratiques normalisées.

UNE HISTOIRE BRÈVE SUR LA FAÇON DONT CELA GUIDE MES ACTIONS.

Je travaillais avec une organisation qui avait un processus d'intégration des équipes agiles incroyablement compliqué.

Étape 1 : Conversation initiale avec Biff. Biff arrive avec son bloc-notes et pose un tas de questions génériques basées sur Scrum comme :

- Avez-vous un espace d'équipe ?
- Avez-vous une équipe dédiée à 100% ?
- Avez-vous un product owner à 100% ?

Étape 2: Biff vous confie à Sally qui intègre votre équipe à l'outil obligatoire de gestion de projets agiles.

Étape 3: Sally vous confie à Joe qui vous forme au processus agile standardisé.

Je m'arrête ici pour être poli. Oui, c'était aussi mauvais que ça. Quand notre équipe leur a parlé, nous avons été recalés dès la première étape parce que nous travaillions sur un vaste et global projet RH avec onze experts métiers et aucun product owner unique.

On nous a dit que nous n'étions pas *autorisés* à faire un projet agile.

Nous nous sommes donc détachés du centre d'excellence et j'ai présenté un processus *prêt à commencer en trois jours en partant de zéro* adapté à notre division qui comprenait :

1) Une conversation de trente minutes avec les parties prenantes les plus importantes du côté métier et du côté IT.

2) Un lancement d'équipe incluant :

- Un alignement sur le but avec la plupart des principales parties prenantes.
- Une introduction générale à l'agilité.
- Une introduction générale aux méthodes agiles basées sur le flux par rapport à celles basées sur une cadence de temps.
- Un contrat d'équipe.
- Une Story map et un backlog représentant les X premiers mois de travail (selon le projet).

3) Une rétrospective de suivi avec tout le monde au bout d'un mois.

PARTIE III - MA PRISE DE POSITION - LES PRINCIPES MODERNE...

Nous nous sommes éloignés des règles autoritaires utilisées par le centre d'excellence pour adopter une stratégie adaptée à nos besoins et construite sur les fondations du manifeste agile.

Selon moi, c'est une bonne conception et l'excellence technique. Le processus d'intégration était suffisamment abstrait de sorte que les équipes étaient libres de choisir leur parcours en fonction de ce dont elles avaient besoin. Le processus d'intégration que j'ai conçu résumait le contexte de sorte que cela importait peu que ce soit un projet de trois mois avec une équipe ou un programme de trois ans avec vingt équipes, nous nous mettions d'accord sur le minimum de processus, sur les contrats d'équipe et sur l'engagement de changer lorsque nous avions besoin de changer. C'est de l'adaptabilité.

Au fur et à mesure que j'utilisais ce processus, un modèle est devenu clair. Les programmes et les projets plus réglementés avaient naturellement plus de processus restrictifs. Les projets moins réglementés et expérimentaux n'avaient pratiquement aucun processus à l'exception d'un vague accord pour valider les hypothèses de quelque façon que ce soit.

Le fait que nous nous sommes accordés sur l'approche, dans le contexte de toutes contraintes organisationnelles, est ce qui l'a fait fonctionner.

RESTER SIMPLE

La simplicité - c'est-à-dire l'art de minimiser la quantité de travail inutile - est essentielle.

* * *

COMMENT DITES-VOUS NON AUX PARTIES PRENANTES QUI VEULENT VOUS POUSSEZ PLUS DE CHANGEMENT QUAND VOUS SAVEZ QUE LE MOMENT N'EST PAS VENU ?

D'après mon expérience, les parties prenantes poussent parce que leur vision de ce que devrait être la réalité ne correspond pas à ce qu'elles voient.

Elles pourraient ne pas *voir* assez de progression, ce qui pourrait les amener à croire que l'équipe du changement ne fait rien ou est trop passive.

C'est une occasion idéale de basculer la conversation vers la priorisation. Si vous pensez que le moment n'est pas venu, prouvez-leur que les gens ne sont pas prêts ou qu'il y a des choses plus importantes sur lesquelles travailler.

Dans ce cas, la visualisation aide beaucoup. Il est difficile de justifier le sentiment que les équipes sont surchargées de travail ou de changement donc, si vous pouvez en quelque sorte visualiser ce qui est en cours de progression, vous pouvez choisir entre prioriser le travail quotidien ou prioriser celui du changement.

COMMENT PRIORISEZ-VOUS LE TRAVAIL DE CHANGEMENT ?

J'ai posé des centaines de fois cette question dans mes ateliers. Comment savez-vous sur quoi vous devriez travailler ?

Cela ressemble à une question stupide mais, quand les agents du changement y réfléchissent, la plupart du temps, la réponse se résume à l'intuition.

Certes, il y a un plan en place et des activités ou des expérimentations sont réalisées. Mais le choix de la bonne chose à faire est presque toujours basé sur une intuition.

Avez-vous une façon de prioriser le travail de changement ? Il y a plein de façons agiles pour les équipes de livraison de le faire en utilisant d'anciennes techniques comme le diagramme de Kano, le MoSCoW (Must, Should, Could, Won't), et de nouvelles techniques comme la notation de thème pour les user stories.

QUELLE COMPLEXITÉ AJOUTEZ-VOUS À VOTRE CHANGEMENT OU À VOTRE PROCESSUS DU CHANGEMENT AVEC DES HYPOTHÈSES NON TESTÉES OU NON VÉRIFIÉES ?

Je me demande : *"suis-je (ou sommes-nous) en train d'ajouter ou de changer les processus par amour du processus ou cela apporte-t-il une réelle valeur ?"* J'ai parlé à une grande organisation qui cherchait à élaborer un nouveau cadre du changement. Le but était de faire assez de recherches pour créer un cadre méthodologique global que tout le monde respecterait. J'ai vu d'innombrables grandes organisations faire de même.

Demandez à quelques personnes de passer des mois à évaluer les méthodes selon la théorie, de construire des PowerPoints, des manuels et des bonnes pratiques puis demandez-vous pourquoi vos agents du changement ont perdu la capacité à penser instantanément.

Je ne dis pas qu'avoir *quelque chose* n'a pas de valeur, je dis que plus vous rendez votre processus de changement complexe, moins les gens penseront à ce qu'ils font.

COMMENT MINIMISEZ-VOUS VOTRE PROCESSUS DU CHANGEMENT AFIN DE VOUS CONCENTRER SUR LES PERSONNES ?

Processus de changement minimum viable. C'est un beau slogan pour vous ! Plus sérieusement, le changement est beaucoup plus un art qu'une science. L'attitude, la personnalité, le tempérament que vous avez en tant qu'agent du changement est le facteur le plus important.

Si vous valorisez la structure et le contrôle, vous êtes plus susceptibles de voir le changement à travers le prisme du processus et de manquer les aspects importants concernant les personnes. Si vous valorisez la collaboration et les personnes, vous serez plus susceptibles de voir le changement à travers une approche centrée sur les personnes et de manquer de structures de base.

Tout comme je plaide pour la co-création du changement, je plaide pour la co-création de l'approche du changement par l'équipe du changement.

COMMENT AI-JE REFORMULÉ LE 10ÈME PRINCIPE ?

La simplicité - c'est-à-dire l'art de minimiser la quantité de travail inutile - est essentielle.

Le processus de changement minimum viable. Ne laissez pas le processus devenir un obstacle à s'occuper des personnes.

***

UNE HISTOIRE SUR LA FAÇON DONT CELA GUIDE MES ACTIONS.

J'ai la mauvaise habitude de m'ennuyer rapidement. Parfois, lorsque je travaille sur des contrats plus longs, ou en tant qu'employé, je voudrais changer les choses juste par amour du changement.

Lorsque je travaillais à The Commission, l'organisation que j'ai mentionné dans *Lean Change Management*, je m'ennuyais lors de nos mêlées quotidiennes. Sur la base de l'énergie que je pensais voir, il ne semblait pas qu'elles apportaient encore de la valeur pour les gens.

En gardant les choses simples, j'ai mis en place un tableau de satisfaction en papier en demandant aux gens de marquer un point sur le tableau qui définissait à quel point ils pensaient que la mêlée quotidienne était utile, de 0 pour n'apporte aucune valeur du tout à 10 pour très utile.

Il s'avérait que je me faisais des idées. Les gens les aimaient encore. Alors, au lieu de changer le processus, je l'ai laissé aller et suis passé à autre chose.

Une autre fois, nous synchronisions notre gigantesque tableau Kanban physique avec un outil électronique et nous créions des listes et des feuilles de calcul compliquées pour suivre les risques.

Nous l'avons fait parce que des consultants externes l'avaient fait avant que notre département ne soit créé. Comme je suis la personne la plus paresseuse du monde, je voulais voir si j'avais le moindre besoin de le faire donc j'ai fait une expérimentation.

Au lieu d'envoyer le lien vers l'outil, la feuille de calcul ou la liste dans notre courriel de mise à jour, j'ai juste envoyé un lien vers l'outil en ligne et vers une feuille de calcul sur notre site intranet. J'ai surveillé le lien pour voir combien de personnes avaient cliqué dessus.

Il s'avère que moins d'1% des personnes l'avait ouvert et il n'y avait pas de règles de gouvernance en place qui disaient que nous avions besoin de toute cette complexité. Après deux semaines d'expérimentation, nous avons arrêté de mettre à jour l'outil et les feuilles de calcul. Nous avons déclaré que le tableau physique était l'unique source de vérité. Simple et facile.

LES PERSONNES QUI ÉCRIVENT LE PLAN NE LUTTENT PAS CONTRE LE PLAN

Les meilleures architectures, spécifications et conceptions émergent d'équipes auto-organisées.

* * *

QUEL EST L'ÉQUIVALENT EN TERMES DE CHANGEMENT DE L'ARCHITECTURE, DES SPÉCIFICATIONS ET DE LA CONCEPTION ?

J'associe ce principe au chapitre *adapter le processus du changement*. Dans les organisations il y a des équipes de coachs agiles, de changement, de développement organisationnel, de communication, de processus d'amélioration continue et des RH, il est facile pour elles de souffrir d'un manque de cohésion.

D'une manière générale, les coachs agiles sont plus susceptibles d'être souples et de suivre le flux en comparaison avec les personnes du département Communication qui pourraient être plus rigides et structurées. Évidemment ce n'est pas une lapalissade mais il suffit de savoir que chaque groupe a sa propre vision de la façon dont le changement devrait se produire.

Au lieu de travailler les uns contre les autres, concevez ensemble une approche pour le changement. J'ai travaillé avec une grande organisation où nous avons exactement fait cela. Ces groupes ont travaillé ensemble sur une variété de changements, le tout dans un contexte de transformation générationnelle. Cela signifie qu'ils n'ont pas vu leur transformation comme un projet d'un an mais comme une évolution de leur organisation sur les dix années suivantes.

Quand est venu le temps de planifier le sommet annuel[1], moi, les coachs agiles, les consultants en changement, les RH et les personnes de la communication, nous avons tous travaillé ensemble pour l'organiser.

Nous nous sommes appuyés sur la diversité des points de vue pour créer notre approche plutôt que de suivre une méthode, un cadre méthodologique ou des manuels.

QUELLES ÉQUIPES SONT AUTO-ORGANISÉES ? L'ÉQUIPE DU CHANGEMENT ? LES PERSONNES IMPACTÉES PAR LE CHANGEMENT ?

En tant qu'agent du changement, je travaille extrêmement dur pour diffuser le point de vue de l'organisation sur le changement auprès des personnes impactées, afin qu'elles puissent comprendre comment l'accomplir ensemble.

Les équipes du changement avec lesquelles je travaille créent leur contrat d'équipe incluant leur vision d'équipe, la façon dont elles organiseront le travail, comment et quand elles se rencontreront et toutes les choses utiles qui sont discutées pendant les lancements d'équipe.

Dès le début du changement, les pratiques de forums ouverts[2] et les sessions de lean café[3] sont parfaites pour tirer le meilleur parti des équipes auto-organisées. Cela vous aide à comprendre quels sujets sont les plus importants pour les personnes et elles vont probablement vous donner un tas d'idées meilleures que celles que vous auriez pu imaginer.

QUELS GARDE-FOUS SONT MIS EN PLACE POUR EMPÊCHER QUE L'AUTO-ORGANISATION NE SOMBRE DANS LE CHAOS ?

À un extrême, l'auto-organisation sans contrainte est chaotique. Par exemple, alors que je travaillais comme product owner dans une organisation, il n'y avait pas de budget IT alloué et le PDG voulait des capacités de redondance et de résilience pour notre solution SaaS. Le directeur technique et l'architecte ont construit une infrastructure monstrueuse qui a failli ruiner l'entreprise.

À l'autre extrême, avoir trop de contraintes n'autorise pas la pensée créative. Par exemple, dans une grande organisation financière, le centre d'excellence agile avait décidé que toutes les équipes utiliseraient Scrum. Lorsque le département avec lequel je travaillais commença à utiliser Kanban, ils nous ont dit que ce n'était pas une méthode approuvée et que nous n'avions pas *le droit* de l'utiliser.

Comme Jerry Weinberg me l'a dit un jour, vous ne savez pas quelle est la limite tant que vous ne l'avez pas franchie. Lorsqu'il s'agit de mettre en place les bons garde-fous, la clé est de savoir comment les dirigeants réagiront lorsque la limite sera franchie.

Comme je l'ai mentionné plus tôt, la *réaction* au problème devient le problème.

COMMENT AI-JE REFORMULÉ LE 11ÈME PRINCIPE ?

Les meilleures architectures, spécifications et conceptions émergent d'équipes auto-organisées.

Invitez les gens à la fête, demandez-leur de danser et donnez-leur la possibilité de prendre congé.

UNE HISTOIRE SUR LA FAÇON DONT CELA GUIDE MES ACTIONS.

Il y a un bon et un mauvais moment pour la co-création. Bien que j'ai écrit ce livre durant l'été 2019, j'ai réécrit cette partie en août 2020 à cause de la COVID-19. Vous avez probablement remarqué que j'ai basculé de simples conseils par listes à puces à des histoires plus longues au cours des derniers chapitres.

On est à une semaine de la rentrée des classes et le lycée de mes enfants accueille deux milles cinq cents étudiants. Dans ma province d'origine, l'Ontario, il y a plus de deux millions d'étudiants inscrits dans les écoles primaires et secondaires publiques. Cela signifie qu'il y a près de quatre millions de parents, de tuteurs ou de personnes qui s'occupent des enfants qui ont de meilleures idées sur la façon dont le gouvernement devrait aborder l'ouverture sécurisée des écoles. Ajoutez à cela les cent trente milles enseignants et les quelque sept milles cinq cents administrateurs scolaires et vous avez un changement extrêmement complexe dans vos mains.

Du point de vue du changement, avoir plus de contraintes fait sens ici. Bien que notre conseil scolaire soit excellent pour prendre en compte les commentaires et faire des modifications si besoin, d'autres vont décider comment le faire et c'est probablement mieux. C'est déjà assez difficile, lors d'une fête, d'amener cinq personnes à s'entendre sur les garnitures, qu'il n'y a aucune chance que le conseil scolaire trouve comment faire s'accorder environ quatre millions de personnes sur un plan de rentrée scolaire.

C'est une façon un peu longue de vous dire que mon approche est de donner le choix aux gens. Je dirige ma propre entreprise depuis le début des années 2000 et croyez-moi, il y a des jours où j'aimerais que quelqu'un d'autre pense pour moi. J'aimerais exécuter un tas de tâches en suivant les conseils d'un coach ou d'un consultant. En fin de compte, le sens des responsabilités de savoir que les choses qui vont bien, et que celles qui ne vont pas bien, sont ainsi à cause des choix que j'ai consciemment fait, est plus satisfaisant.

Pour en revenir au changement dans un environnement non-IT, il y a de nombreuses années, j'ai animé une version d'une journée de mon atelier lors d'une conférence. Nous avons pris plus d'une heure à amener les gens à s'auto-organiser en équipes ! Vous pouvez lire un compte-rendu plus détaillé de cette histoire sur mon blog4 , mais la raison de cette lente mise en action s'expliquait par deux choses principales :

1. Les gens pensaient que c'était MON atelier et que j'étais supposé LEUR DIRE comment apprendre et faire cela.
2. Les gens dans la salle avaient une faible appétence à l'action.

Après qu'ils se soient auto-organisés en équipes, une personne a dit : *"Vous savez, nous disons toujours que les gens ne feront rien jusqu'à ce que nous leur disions, mais c'est exactement ce que nous vous avons fait !"*

La leçon : Parfois, vous devez pousser les gens à agir, parfois, vous devez les laisser s'organiser à leur manière et d'autres fois, vous devez leur donner les tâches à effectuer.

La clé est que les personnes impactées par le changement devraient avoir le choix, donc donnez-le leur.

INSPECTER ET ADAPTER

À intervalles réguliers, l'équipe réfléchit aux moyens de devenir plus efficace, puis règle et modifie son comportement en conséquence.

***

À QUELLE FRÉQUENCE VOTRE ÉQUIPE DU CHANGEMENT RÉFLÉCHIT-ELLE SUR, ET AJUSTE-T-ELLE VOTRE PROCESSUS DU CHANGEMENT ?

Ce principe est difficile dans les grandes organisations où le respect du processus est plus important. Ce n'est pas nécessairement une mauvaise chose. Une fois, j'ai travaillé avec une équipe RH dans laquelle le vice-président avait dit que l'agilité ne fonctionnerait jamais pour lui. Comme j'essayais d'argumenter contre cette idée, il a dit que c'était mieux qu'il gâche de la masse salariale pour quatre-vingt milles personnes en suivant le processus que de prendre le risque d'essayer quelque chose de nouveau.

C'était assez juste, j'aurais probablement eu la même attitude dans sa position.

Les équipes du changement, avec lesquelles j'ai travaillé, débutaient, pour la plupart, par la définition complète du processus du changement, obtenaient l'approbation des dirigeants, construisaient des guides, des sites intranets, des manuels, faisaient des formations et plus encore.

Je ne dis pas qu'une partie de cela *n'a pas* de valeur mais cela donne l'impression d'avoir à suivre un processus parce que beaucoup de temps et d'argent ont été investis pour le créer.

Puis, quand un problème se pose, la première question est toujours : "Avez-vous suivi le *<processus X ?>*"

L'une des meilleures équipes du changement avec laquelle j'ai travaillé est basée dans une grande compagnie d'assurances et ils ont une approche adaptée au changement. C'est-à-dire qu'ils ont beaucoup d'éléments différents parmi lesquels choisir. On dirait des instructions mais ce n'est pas le cas.

Par exemple, lorsque l'incertitude est extrêmement élevée, comme lorsqu'ils veulent créer un programme d'innovation, ils utilisent le processus *allez discuter avec eux.*

Il incombe à l'agent du changement de savoir comment avoir une conversation bien facilitée plutôt que d'entrer avec un bloc-notes et une liste de points de discussion tirée des guides pratiques.

J'utilise cette technique avec les équipes agiles. C'est ce qu'on appelle, moi y compris, un *satisfaction-o-gram*. L'équipe énumère toutes les pratiques qu'elle utilise et évalue leur efficacité de zéro à dix. Ensuite, nous choisissons un sujet de discussion, à approfondir, et nous trouvons comment amplifier le bon ou comment réparer le mauvais.

Vous pouvez faire la même chose avec votre équipe du changement sur une base trimestrielle ou semestrielle.

COMMENT LES PARTIES PRENANTES SONT-ELLES IMPLIQUÉES ?

Je suis fan d'inviter les parties prenantes à chaque cérémonie, aussi bien à la planification, qu'aux mêlées quotidiennes et qu'aux rétrospectives. Je vous garantis qu'aucune des parties prenantes ne regarde vos principes, vos diagrammes de changements et autres artefacts. À moins qu'elles n'aient été des agents du changement, auquel cas, elles voudront peut-être tout simplement vous montrer ce qu'elles savent.

Il ne s'agit pas seulement d'un exercice d'affinage de l'approche du changement, il s'agit aussi de donner aux parties prenantes une fenêtre sur votre processus de pensée afin qu'elles comprennent comment vous et votre équipe prenez des décisions.

Un autre avantage est que, si vous utilisez des pratiques agiles comme la visualisation de votre travail, si vous utilisez des mêlées quotidiennes ou si vous faites des rétrospectives créatives, elles pourraient apporter ces pratiques dans d'autres secteurs de l'organisation, ou mieux encore, auprès de l'équipe de direction.

Encore une fois, tout comme la co-création avec les personnes impactées par le changement, donnez-leur un choix et laissez-les prendre congé.

QU'EN EST-IL DES PERSONNES IMPACTÉES PAR LE CHANGEMENT ?

Alors que je travaillais dans une grande entreprise de télécommunications, nous en étions à notre anniversaire de six mois de démarrage d'une transformation agile. Vingt-cinq équipes pratiquaient l'agilité et nous animions des rétrospectives mensuelles auxquelles toutes les équipes étaient autorisées à se joindre.

C'est ainsi que nous définissions quelles étaient les bonnes expérimentations à faire dans le contexte d'un canevas de stratégie organisationnelle[1].

Pour l'anniversaire des six mois, nous avons fait une rétrospective asynchrone massive qui a pris un peu plus d'une semaine et qui répondait à la question ultime : ça fait six mois que nous essayons l'agilité, devrions-nous continuer ?

La réponse fut oui. Cela a ouvert un nouveau chapitre, où nous avons fait l'inventaire de ce que nous avons fait, de ce qui s'était passé et de ce que nous pourrions faire ensuite.

Non seulement, cela a changé les expérimentations que nous avons menées, mais aussi la façon dont nous avons abordé le changement.

* * *

COMMENT AI-JE REFORMULÉ LE 12ÈME PRINCIPE ?

À intervalles réguliers, l'équipe réfléchit aux moyens de devenir plus efficace, puis règle et modifie son comportement en conséquence.

Prenez le temps de vous arrêter et de comprendre comment les personnes ressentent le changement, pensez à la façon dont vous pouvez changer le changement et à la façon dont vous abordez le changement.

* * *

UNE HISTOIRE BRÈVE...OU DEUX.

En janvier 2012, mon équipe a gagné un concours lean startup weekend[2]. Jusque-là, je faisais des rétrospectives et y accompagnais des équipes, mais le lean startup a ajouté une autre dimension dans ma pensée. Le point clé qu'ils martelaient était d'aller parler aux clients. Dans le changement, cela signifie sortir de derrière des portes closes et, dans un premier temps, de voir par vous-même de quelle aide et de quel support ont besoin les équipes avant d'agir suivant vos hypothèses.

Nous supposons que notre approche du changement est correcte. Nous supposons que nous en savons le plus et que nous connaissons la meilleure façon de le faire. Nous sommes tous biaisés d'une certaine façon et je suis fortement biaisé par le fait de donner le choix aux personnes.

Par défaut, je suis dans une posture de facilitation et d'accompagnement mais, parfois, ce n'est pas la bonne approche. Dans une grande organisation financière, cette approche ne fonctionnait pas parce qu'elle était trop incompatible avec la façon dont se produisait le changement.

J'ai dû pousser davantage, ce que j'ai toujours considéré comme une mauvaise approche, mais avec des rétrospectives plus fréquentes, j'ai reçu des commentaires qui m'ont aidé à modifier mon approche.

L'une de mes occasions préférées d'apprentissage fut de travailler avec Andrew Annett sur une rétrospective managériale. Il commença en écrivant une simple question sur le tableau :

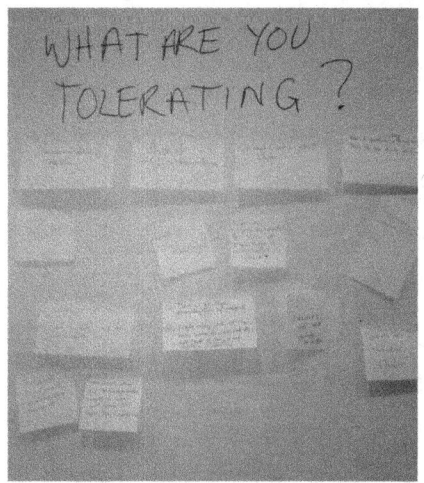

"Que tolérez-vous ?"

Au lieu de faire une rétrospective typique, le but était d'avoir une session d'exploration de ce que les cadres estimaient *devoir* faire juste parce que nous, les coachs, étions là.

Ce fut probablement l'une des meilleures discussions que je n'ai jamais eue. C'était si authentique et naturel.

Bien que j'ai mentionné que les rétrospectives vous aident à réfléchir sur le changement et sur la façon dont vous faites le changement, ce sont aussi des cérémonies essentielles pour s'arrêter et parler avec les gens sans avoir le sentiment que vous devez améliorer quelque chose juste parce que le processus dit que vous êtes censés le faire.

COMMENT CELA GUIDE-T-IL MES ACTIONS ?

Trouvez l'équilibre : avoir trop de rétroactions et de réflexions peut entraîner une paralysie de la prise de décision. Le concept d'*inspecter et d'adapter* est aussi vieux que l'humanité. Bien qu'il soit attribué à Deming, le cycle PDCA (Plan-Do-Check-Act), ou cycle de Shewhart, est tout ce dont vous avez besoin. Le Lean Startup réduit cette idée à un cycle de trois étapes Construire-Mesurer-Apprendre et je vais encore la réduire à un cycle de deux étapes : Agir-Réfléchir !

PARTIE IV - CHANGEZ VOTRE VISION DU CHANGEMENT

"Vous pouvez vous changer vous-mêmes et vous pouvez changer la situation mais vous ne pouvez absolument pas changer les autres personnes. Elles sont les seules à pouvoir le faire." - Joanna Trollope.

Dans le chapitre d'ouverture, j'ai mentionné trois choses que la plupart des gens considèrent quand ils veulent être *plus agiles* dans la conduite du changement :

- Transformez la façon dont vous conduisez le changement.
- Transformez la façon dont vous pensez le changement.
- Transformez la façon dont vous collaborez avec des équipes agiles.

J'ai été product owner, Scrum Master et membre d'équipe dans des équipes agiles. J'ai été coach agile interne et externe et j'ai travaillé dans des organisations en tant qu'agent du changement sur des changements de processus métier et sur des changements organisationnels.

De toutes ces expériences, être un product owner a eu l'effet le plus profond sur ma façon de voir le changement.

Je vois le *changement* comme un *produit* et les *personnes impactées par le changement* comme des *utilisateurs finaux*. Cela semble certainement bizarre compte-tenu de mon point de vue de me focaliser d'abord sur les gens !

Ce que je veux dire est que, lorsque j'ai travaillé comme product owner, j'ai appris beaucoup plus rapidement en allant dans les bureaux des clients et en travaillant avec eux sur la découverte du produit. C'était la meilleure manière de tester mes hypothèses à propos du produit.

De prime abord, ce que nos clients vivent dans leur travail est déterminant pour comprendre la meilleure façon de faire évoluer l'existant et de créer de nouveaux produits.

Et avant cela, mon expérience professionnelle en tant qu'agent de support technique dans un centre d'appel mondial m'a conduit sur le chemin de l'accompagnement.

C'est une façon un peu longue de vous dire que j'ai toujours considéré le changement comme une fonction de service. C'est-à-dire que je suis ici pour servir les personnes et l'organisation. Cela ne signifie pas que je fais ce qu'ils veulent. Cela signifie que je dois les aider à découvrir ce qu'est un bon changement, comment s'y prendre et laisser le plus possible de côté mes préjugés.

Il m'a été extrêmement difficile de travailler dans certaines organisations qui voyaient le changement comme une panoplie de pratiques et d'étapes structurées et normalisées. Bien que je comprenne pourquoi elles veulent des cadres méthodologiques gigantesques et complets, c'est beaucoup trop contraignant et frustrant. Cela ne fonctionne tout simplement pas.

Si vous débutez dans le *changement agile*, ou dans l'agilité de façon générale, il va probablement être difficile de voir le changement différemment. Dans ces derniers chapitres, je vais mettre les questions de côté et je vais vous offrir des conseils qui, je l'espère, vous apporteront de la valeur afin de construire un pont entre ce que vous savez déjà et ce que pourrait être pour vous un *changement plus agile*.

TRANSFORMEZ LA FAÇON DONT VOUS CONDUISEZ LE CHANGEMENT

C'est le point le plus facile des trois. Les pratiques agiles existent depuis des décennies. Bien que le manifeste agile a été rédigé en 2001, cela ne signifie pas que personne ne collaborait de manière utile avant cela. J'ai toujours dit que l'écosystème agile avait déjà été créé, ce qui est vrai si vous regardez de plus près. Le manifeste a pris des idées intemporelles et a organisé les mots différemment, les rendant plus accessibles aux masses. J'aime considérer cette section comme un ensemble d'idées qui sont des fondamentaux indispensables. Si vous n'êtes pas en mesure de mettre en œuvre ces pratiques simples et efficaces dans votre organisation, les deux autres seront beaucoup plus difficiles.

- **Visualisez votre travail :** bien qu'il sera plus difficile de visualiser physiquement le travail sur un bloc-notes ou sur un tableau blanc dans un monde post-COVID, le but

est de prendre des décisions sur le travail en le visualisant et de n'avoir qu'une source unique de vérité.
- **Décidez entre un processus basé sur le temps et un processus basé sur le flux** : sur le temps = utilisation de Scrum, sur le flux = application de Kanban. Encore mieux, utilisez les deux. Scrumban ou Kanban-um si vous avez besoin d'une étiquette, mais un processus de type flux qui est piloté par la valeur, tout en gardant une cadence régulière avec des cérémonies importantes.
- **Engagez-vous à faire des rétrospectives** quel que soit le processus que vous utilisez.
- **Ayez une mêlée quotidienne** et invitez les parties prenantes.

Le processus le plus simple libère votre cerveau pour penser à des choses plus complexes et vous aide à vous concentrer sur le côté humain du changement.

VISUALISEZ VOTRE TRAVAIL.

Voici un exemple d'un mur d'une transformation agile que j'ai utilisé dans une grand banque :

Rappelez-vous, les personnes agiles ne sont ni pro-visualisation, ni anti-outil avec une sorte de point de vue anarchiste. C'est juste que visualiser le travail et avoir une mêlée quotidienne mène à de meilleures conversations et à de meilleures prises de décisions.

Bien qu'elle puisse paraître comme un travail supplémentaire, le but de la visualisation du travail est différent. Elle n'est pas conçue pour remplacer les documents ou les wikis qui contiennent plus de détails. Je vais vous expliquer en utilisant les exemples du mur de transformation agile de la banque :

La première image montre la coordination de nombreux changements, dont les domaines étaient organisés par lignes horizontales, sur lesquels l'équipe des cadres supérieurs travaillait :

- Les personnes et les programmes relatifs à la culture étaient gérés par les RH.
- Les 'trucs agiles' étaient orchestrés par moi.
- Un programme de processus d'amélioration.
- Des programmes et des projets techniques et d'architecture.

À côté de cela, se trouvait le mur Kanban du programme avec tous les programmes de haut niveau qui étaient réalisés. (Je ne peux pas vous montrer le véritable visuel du programme en raison de confidentialité, mais ne vous inquiétez pas, il y aura beaucoup d'exemples que vous pourrez trouver sur changewayfinder.com !)

La seconde image montre les détails concernant la transformation agile, y compris :

- Le but de la visualisation : ainsi les gens savent ce qu'ils regardent.
- Les principaux programmes ou thèmes : chacun d'eux comprenait le but et les personnes qui y travaillaient.
- Une mise à jour de l'état (*Comment ça se passe ?* Colonne): Les gros post-its colorés (voir ci-dessous) avec une date et une note. Rouge = bloqué, Vert = bon.

Voici un gros plan sur la section de mise à jour de l'état :

PARTIE IV - CHANGEZ VOTRE VISION DU CHANGEMENT

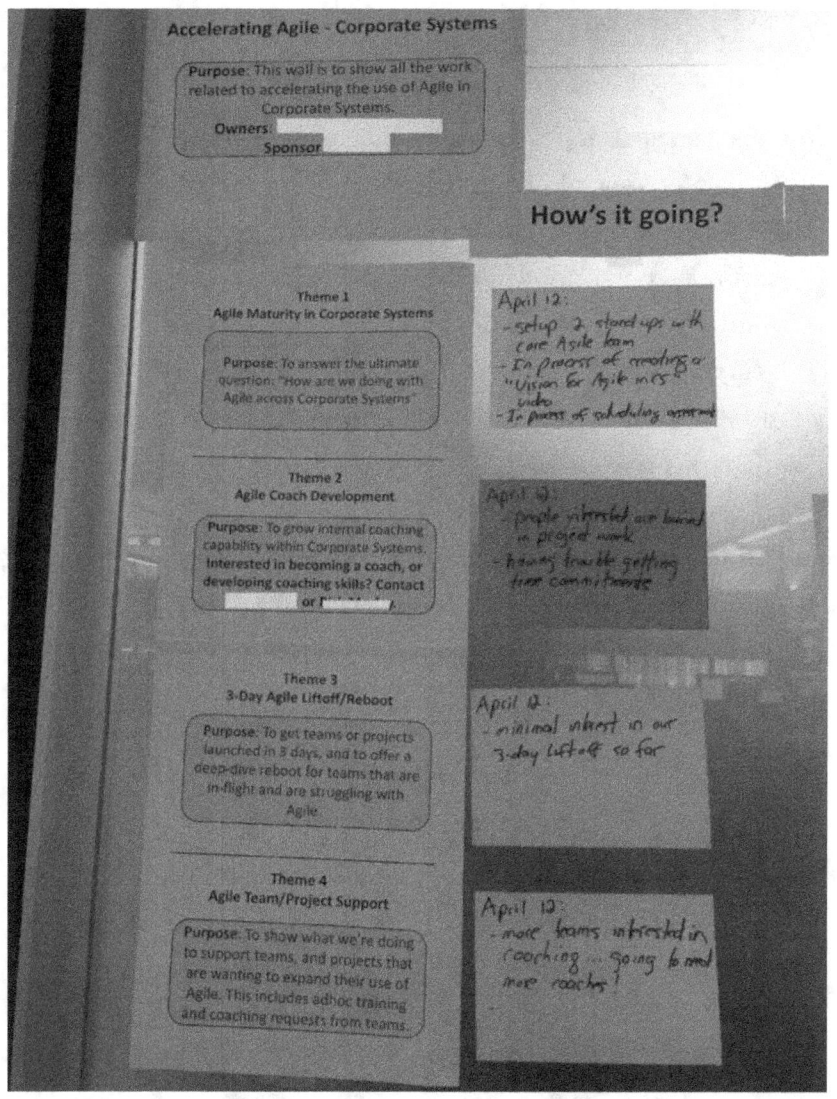

Comment cela a-t-il été utile ?

- Cela a supprimé les rapports d'états compliqués parce qu'ils n'étaient plus nécessaires.
- Cela montrait aux gens que le changement se produisait. Certaines personnes m'interrogeaient sur ce sujet, d'autres ne s'en souciaient pas.
- Cela me rendait responsable de mes obligations et montrait que j'utilisais les techniques que je demandais aux équipes d'utiliser.

Enfin, voici quelques photos en gros plan montrant quelques idées pour visualiser les détails de niveau inférieur :

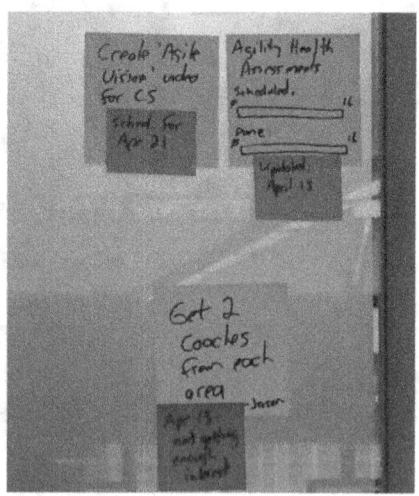

Post-its bleus : Dernière mise à jour et les informations de planification.

Post-its rouges : Un point de blocage avec les raisons détaillées pour lesquelles il est bloqué.

Les indicateurs d'avancement : Nous avions pour instruction d'utiliser le radar de Santé Agile qui, je pense, est assez sympathique s'il est utilisé correctement. Il montrait que sur seize équipes, aucune ne l'utilisait encore et que rien n'était prévu. Cela semble probablement étrange mais le post-it a été placé dans la colonne *En cours* parce que je faisais un travail exploratoire.

DÉCIDEZ DE VOUS BASER SUR LE TEMPS OU SUR LE FLUX... OU SUR LES DEUX !

Scrum est un processus découpé en périodes fixes qui vous aide à garder la cadence. Le défi avec l'utilisation de Scrum pour conduire le changement est de déterminer ce que pourrait être le *produit potentiellement livrable* à la fin du sprint. C'est facile dans l'ingénierie logicielle, c'est difficile dans le changement.

Kanban vous permet de vous concentrer d'abord sur la valeur et de commencer un nouveau travail lorsque vous en terminez un.

J'utilise toujours les deux parce que :

Avec Scrum : j'aime les cadences et faire usage des cérémonies cadrées dans le temps comme les planifications de sprint, les mêlées quotidiennes, les revues de sprint et les rétrospectives.

Avec Kanban : je ne suis pas contraint de m'engager sur un travail de changement de deux semaines comme le prescrit Scrum, mais plutôt de travailler sur le flux et d'utiliser les cérémonies Scrum comme supports pour voir comment les choses progressent.

S'ENGAGER DANS DES RÉTROSPECTIVES.

C'est de loin la pratique agile la plus importante à utiliser. Quel que soit le flux du processus que vous avez choisi, utilisez les rétrospectives pour réfléchir à ce qui fonctionne ou pas et à comment le changer.

Je recommande vivement RetroMat[1] pour trouver un tas de techniques impressionnantes ainsi que le livre d' Esther Derby : Agile Retrospectives[2].

EFFECTUEZ DES MÊLÉES QUOTIDIENNES.

Rencontrez-vous devant votre management visuel, que ce soit en personne ou virtuellement, et invitez des groupes externes comme le PMO, l'équipe d'audit/conformité, les RH ou tout autre groupe qui doit être au courant de ce qui se passe.

Il y a une différence entre les mêlées quotidiennes et les Kanban quotidiens :

Scrum : trois questions sont posées : Sur quoi as-tu travaillé hier ? Que vas-tu faire aujourd'hui ? et Qu'est-ce qui te bloque ?

Kanban : à partir de la colonne directement à gauche de la colonne "*fait*", vous discutez de ce qu'il faudra pour terminer (définition de "fini") et de ce qu'il y a dans cette colonne pour activer le flux.

J'ai raconté cette histoire dans mon dernier livre, donc toutes mes excuses si vous avez l'impression que je me répète ! À The Commission, l'entreprise évoquée dans le livre, nous avons invité les PMO métier à nos mêlées quotidiennes d'entreprise et ils ont documenté tout ce dont ils avaient besoin. Nous n'avons pas essayé de les changer, nous leur avons simplement fourni un moyen plus simple pour voir ce qui se passait avec le travail relatif à l'IT.

PROCESSUS DE CHANGEMENT MINIMUM VIABLE.

Ces techniques de base sont pour la plupart connues dans le monde d'aujourd'hui. Quand j'ai commencé à visualiser le travail au début des années 2000, les gens pensaient que j'étais fou. J'aimerais dire que c'est parce que je voulais être plus innovant dans le travail de gestion mais en réalité c'est parce que j'étais super paresseux et que je voulais libérer mon cerveau pour me concentrer sur un travail important au lieu d'essayer de formater correctement cette satanée feuille Excel.

COMMENT REMETTEZ-VOUS EN QUESTION VOUS-MÊMES ET VOTRE ORGANISATION ?

J'ai mentionné que l'argument contre l'utilisation d'un mur de management visuel est que les personnes qui sont habituées à de grands calendriers de projets et à beaucoup de documents voient cela comme une duplication du travail.

Ce qu'ils n'ont pas compris est que les détails sur le mur de management visuel doivent être minimes. Il est uniquement conçu pour emmagasiner suffisamment de détails pour avoir une discussion qui autorise une prise rapide de décision. Il n'est pas conçu pour remplacer les documents plus détaillés. Bien qu'à mon avis, vous devriez toujours remettre en question l'utilité de ces documents, mais ce sera une discussion pour un autre jour !

Un autre argument contre ça, spécialement dans un monde post-COVID, est que nous ne pouvons pas avoir un mur de management visuel si nous travaillons tous à distance. Il y a des outils qui le rendent plus facile, mais souvenez-vous, l'intention d'un mur de management visuel est double :

- Avoir une source unique de vérité.
- Encourager des conversations utiles qui nous aident à prendre de meilleures décisions.

Il y a toujours un certain type d'activités de management de projet qui doivent se produire. Certaines ont de la valeur, d'autres sont simplement des habitudes que nous avons et dont on ne sait pas pourquoi on les fait.

Une bonne pratique pour remettre en question vous-mêmes et votre organisation est d'auditer votre processus et vos artéfacts :

- Dans quelle mesure <ce processus> nous est-il utile de 0 à 10 et pourquoi ?
- Demandez aux parties prenantes dans quelle mesure ce processus/artéfact leur est utile de 0 à 10 et pourquoi ?
- Parlez avec le PMO ou avec une personne de la gouvernance et découvrez ce dont ils ont besoin (il y a

de fortes chances que ce soit votre patron qui veuille couvrir ses arrières.)

Ne perturbez pas les choses juste pour être perturbateur. Si vous êtes dans un secteur très réglementé et que vous vous faites auditer fréquemment, faites ce qui est nécessaire pour gérer cela, mais au moins remettez-le en question !

TRANSFORMEZ LA FAÇON DONT VOUS PENSEZ LE CHANGEMENT

Un de mes amis a dit un jour que les seules personnes résistantes au changement étaient les responsables du changement !

Je suis d'accord avec ça. Je suis lié aux pratiques que j'aime, nous le sommes tous. Nous sommes tous biaisés par notre vision de ce que nous croyons fonctionner. Aucun processus, aucune méthode, aucun manuel de procédures, aucun cadre méthodologique ne changera cela si nous n'acceptons pas que ce sont notre attitude et nos expériences qui sont principalement responsables de la façon dont nous voyons le changement.

Ce sont les règles que je vis et les questions que je me pose moi-même parce que je suis une personne extrêmement motivée par la compétition et un monstre de contrôle auto-proclamé. Parfois, je suis tellement concentré sur l'objectif que je peux perdre de vue mes propres comportements. Soit dit en passant, déclarer ce que vous croyez être vos préjugés est une excellente pratique pour s'intégrer dans une nouvelle organisation ou une équipe. Je dis toujours à mes clients que j'aime l'énergie qui change les choses et que je peux parfois faire du zèle mais que l'intention est d'améliorer les choses même si parfois je peux sembler rude.

- **Qu'est-ce qui, à propos de mon comportement et de mon approche, pourrait être à l'origine de ce que j'observe ?** Par exemple, si je crois que les gens sont résistants au changement, qu'est-ce qui dans mon approche pourrait être un facteur ?
- **Est-ce que je veux gagner parce que je veux gagner ou suis-je en train de pousser dans le meilleur intérêt de l'organisation ?** J'avais la mauvaise habitude de supposer que les organisations, qui voulaient être plus agiles, voulaient être plus agiles. Je poussais, et poussais puis j'ai réalisé qu'elles voulaient de l'aide pour clarifier les problèmes et les résoudre. Comprenez ce qu'on vous demande de faire.
- **Suis-je congruent ?** Par exemple, nous avons tous un point de rupture et nous ne transigerons pas au-delà de nos valeurs. Si j'ai l'impression de ne pas être congruent, je vérifie.
- **Suis-je le bon agent du changement ?** Par exemple, je ne travaillerai pas avec les banques, les compagnies d'assurance, les sociétés de télécommunications ou toute autre entreprise qui n'est pas alignée avec mes valeurs. Ce n'est pas un coup de poing contre elles ou contre mes amis qui y travaillent. C'est simplement mon choix de vouloir concentrer mon énergie ailleurs. Ceci dit, le

travail transactionnel me convient. Le travail transactionnel est une formation où je vais les former sur l'agilité et sur les pratiques modernes du changement mais je ne les conseillerai pas et je ne les accompagnerai pas directement.
- **Avec qui, dans la communauté agile et du changement, suis-je en total accord ?** Qui que ce soit, arrêtez de les lire et de les suivre ! Certes, ça a l'air probablement bizarre parce que certains d'entre vous sont probablement d'accord avec mes écrits. Le fait est de ne pas suivre aveuglément quelqu'un parce que vous êtes déjà d'accord avec lui. Cherchez des gens qui remettent en cause respectueusement vos croyances.
- **Essayez-le**. Certaines des idées de ce livre pourraient être effrayantes. Déclarez votre intention d'expérimenter avec vos parties prenantes afin qu'elles comprennent pourquoi vous allez faire ce que vous êtes sur le point de faire. Le courage de la conviction vous emmènera loin.

Plus important encore, à mon avis, essayer de voir le changement avec des perspectives différentes est ce qui m'a aidé à davantage aimer mon travail. Ce qui m'a aidé à réaliser cela fut le fait de voir autant d'agents du changement avec lesquels j'ai travaillé au fil des ans quitter les organisations qui les rendaient malheureux.

Lorsque j'ai davantage apprécié mon travail, j'ai été plus susceptible d'aider les autres à davantage apprécier le leur. Cela semble ringard, mais c'est vrai.

Je suppose que vous pourriez dire que ce chapitre concerne le changement de *votre* comportement en tant qu'agent du changement, au lieu de se concentrer sur l'adhésion d'autres personnes à changer *leur* comportement.

Après avoir parcouru le monde depuis 2014 et avoir découvert des modèles, cinq modèles universels se sont démarqués et ont aidé les agents du changement à voir le changement différemment. Nous avons l'habitude de la vision traditionnelle de ce que doit être une bonne conduite du changement :

- **Créez l'urgence :** cela inclut cette horrible phrase: "Créer une plateforme en feu." Pour l'amour de l'univers, arrêtez de l'utiliser s'il vous plaît. L'origine de la phrase est littéralement au sujet d'un feu sur une plateforme pétrolière d'où les gens sautent ou meurent.
- **Obtenez l'adhésion :** cela signifie que nous avons décidé du changement, que nous avons le plan parfait et que maintenant nous avons besoin d'embarquer les personnes.
- **Communiquez :** cela se manifeste généralement dans les techniques de radiodiffusion comme les bulletins d'informations, les assemblées générales avec des questions scénarisées, les sites intranet ou les affiches sur les murs.
- **Exécutez :** gérez le calendrier et exécutez les tâches.
- **Atténuez les résistances** : ayez un plan en place pour faire face aux humains embêtants qui résistent au changement.

J'ai découvert que ces cinq *choses* sont importantes mais que nous pouvons les examiner différemment. J'ai décidé de les appeler les Cinq Universels du Changement[1] et il ne s'agit pas de choisir entre l'un ou l'autre, c'est une question de dosage quand il faut utiliser telle ou telle approche.

La co-création plus que l'obtention de l'adhésion : vous vous concentrerez sur la diversité des pensées et sur l'inclusion. Cela signifie inviter les gens à la fête, leur demander de danser et les laisser prendre congé au lieu de sortir votre meilleur argumentaire de vente pour les embarquer.

Un dialogue plus utile que la radiodiffusion : vous utiliserez le lean café et d'autres pratiques encourageant le dialogue afin de découvrir ce dont les gens ont besoin et ce dont ils veulent au lieu de diffuser des plans de communication aux personnes.

La raison et le but plus que la création de l'urgence : vous rallierez les personnes autour d'un but commun, sachant que tout le monde ne voudra pas venir au lieu d'essayer de toujours créer un sentiment d'urgence chez les gens en les contraignant ou en les intimidant.

L'expérimentation plus que l'exécution des tâches : vous réaliserez que, parfois, le but est d'apprendre, plutôt que d'exécuter des tâches, et de favoriser une culture d'apprentissage sécurisé; ce qui est une tournure positive de la formule "échec sécurisé" qui induit la médiocrité.

L'adaptation au changement plus que la résistance au changement : vous réaliserez que ce que vous étiquetez comme résistance est la réponse naturelle que les personnes ont face au changement. C'est la donnée dont vous avez besoin pour façonner votre changement différemment au lieu de blâmer chaque échec sur la résistance ou sur le manque d'adhésion.

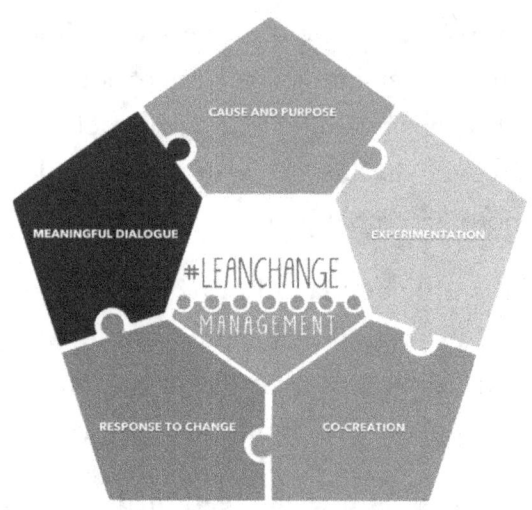

Il ne s'agit pas de savoir si ces Cinq Universels sont vrais ou faux. Il s'agit de savoir comment vous les dosez en sortant de vos croyances et en regardant le contexte à travers différents prismes.

Vous trouverez plus de détails à propos de ces Cinq Universels sur Change Wayfinder, mais le prochain livre qui explore cela plus en détails est déjà en cours !

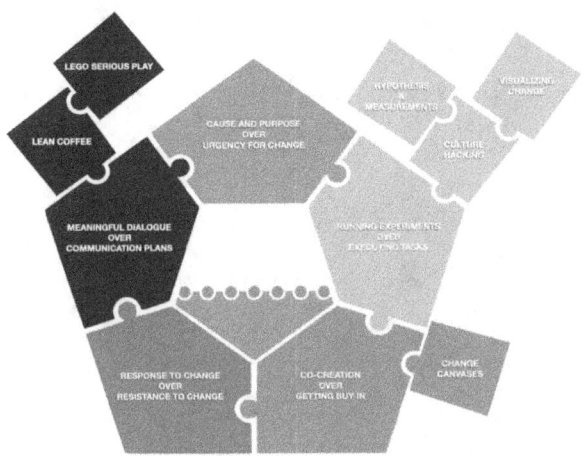

Changer le prisme avec lequel vous regardez le changement vous oblige à utiliser les outils les plus importants que vous avez : *vos yeux, vos oreilles et votre cerveau*. Merci à mes amis et collègues Ro Gorell et Charlotte Mawle pour cette phrase !

TRANSFORMEZ LA FAÇON DONT VOUS COLLABOREZ AVEC LES ÉQUIPES AGILES

Transformer la façon dont vous collaborez avec les équipes agiles est raisonnablement simple et similaire au premier point concernant la transformation de la façon dont vous conduisez le changement. La différence est que vous contrôlez la façon dont vous conduisez le changement. La collaboration avec les équipes agiles vous oblige à vous alignez sur la façon dont elles travaillent, ce qui peut signifier de devoir changer la façon dont vous conduisez le changement d'une manière ou d'une autre.

Tout d'abord, quelques conseils préalables :

- **Changez de perspective** sur ce que vous faites en tant qu'agent du changement, voyez cela comme une fonction de service plutôt qu'un travail de contrôle. L'équipe agile délivre directement la valeur, vous les

soutenez à le faire et vous ne les forcez pas à suivre votre exemple.
- **Considérez-vous comme un contrôleur de trafic aérien** de sorte que vous pouvez visualiser les parties mobiles des programmes agiles et relier les activités des équipes agiles aux besoins de votre organisation.
- **Intégrez et visualisez** votre travail de changement dans le flux de travail des équipes agiles. (Par exemple, demandez à l'équipe si vous pouvez participer à leur planification, à leur revue de sprint et à leurs mêlées quotidiennes en tant qu'observateur.)
- **Asseyez-vous avec l'équipe** s'il y a un changement métier important. (Par exemple, si l'équipe agile remplace un système qui nécessite de former dix milles personnes, vous devez être impliqués au quotidien.)
- **N'imposez pas votre vision et votre processus** à l'équipe agile. Adaptez et intégrez votre processus de changement aux leurs.
- **Vous êtes le pont et le connecteur** entre l'équipe agile et le reste de l'organisation. Vos plus grands amis sont les Scrum Masters et les coachs agiles. Travaillez avec eux, pas contre eux.

Il y aura chevauchement entre votre rôle d'agent du changement et le Scrum Master, les coachs agiles, les cadres, les chefs de projets et les responsables de programme. Chacun peut rendre des comptes à des hiérarchies différentes donc il peut y avoir un peu de complexité et de duplication de la documentation et des processus.

Dans le chapitre *Transformez la façon dont vous conduisez le changement*, je vous ai suggéré d'auditer vos propres processus et artéfacts afin de voir ce qui est et ce qui n'est pas utile. Faites la même chose ici mais avec toutes les fonctions supports impliquées avec l'équipe agile.

À QUOI S'ATTENDRE ?

Les coachs agiles peuvent être très fortement sur la défensive lorsqu'un étranger essaie d'intervenir dans la façon dont ils travaillent. En fait, je devrais dire que les coachs agiles expérimentés peuvent devenir très défensifs. En 2015, j'étais à Melbourne pour animer une série d'ateliers et, par chance, il y avait une rencontre agile et une rencontre sur la conduite du changement sur deux soirées consécutives.

On m'a demandé de parler aux deux sur la *conduite agile du changement* et la ressemblance des discussions était intéressante :

Rencontre agile : *"Ces foutus agents du changement essaient d'entrer et d'intervenir dans toute notre équipe en imposant leurs visions de la façon dont nous devrions travailler. ILS. NE. COMPRENNENT. PAS."*

Rencontre sur la conduite du changement : *"Ces foutus coachs agiles perturbent la globalité de l'organisation et n'ont aucune idée de la façon dont ils impactent le reste de l'organisation. ILS. NE. COMPRENNENT. PAS"*

La rencontre agile était la première donc, sachant que je serai à deux pas la nuit suivante à la rencontre sur la conduite du changement, j'ai demandé à un groupe de coachs agiles de nous y rejoindre.

Pour faire bref, l'agilité avait été présentée aux responsables du changement comme des pratiques structurées et normalisées par des grands cabinets de conseil. Ils en étaient donc venus à croire que l'agilité était juste un autre ensemble de normes qu'ils devaient suivre. L'un des responsables du changement a dit que, parce qu'ils faisaient de la *conduite agile du changement*, ils devaient écrire tous leurs documents sous le format d'une user story : en tant que responsable du changement, je veux <quoi que ce soit> afin que je puisse <obtenir tel résultat>.

La conversation fut fantastique et les deux camps ont convenu qu'ils cherchaient à obtenir les mêmes résultats mais qu'ils n'avaient pas considéré les besoins de l'autre camp.

C'est ma mission depuis 2014. Connecter les communautés du changement, de l'agilité, du développement organisationnel et des ressources humaines parce que nous voulons tous la même chose, nous oublions juste de parler les uns aux autres parfois.

SOYEZ UN MOTEUR UTILE !

Soyez une personne utile et un lien vers tous les aspects organisationnels qui sont généralement ignorés. Vous devez aider l'équipe agile à comprendre la façon dont elle est interconnectée avec le reste de l'organisation parce qu'il peut sembler qu'elle ne s'en soucie pas alors qu'il se pourrait qu'elle ne soit pas consciente des répercussions de ses actions.

Vous pouvez être déçus qu'il n'y ait pas de fiche descriptive de processus sur la façon de le piloter. D'après mon expérience, une conversation avec l'équipe agile est la meilleure façon de commencer et voici les points les plus importants :

Comprenez leur contexte : dans quelle espace l'équipe de livraison agile se trouve-t-elle ? Qui sont ses clients ? À quoi ressemble leur calendrier de mise en production ? Quel est l'impact sur l'organisation ? (Par exemple, y'a-t-il un changement important des processus métiers ? Une formation importante est-elle nécessaire ? Comment le marketing, le commerce et les autres équipes sont-elles impactées par ce qu'ils produisent ? Y'a-t-il des répercussions sur le support à la clientèle ?) - Vous pouvez voir comment cela peut se compliquer rapidement.

Comprenez leur processus : quand organisent-ils des revues de sprints, des démonstrations aux parties prenantes, aux clients, des sessions de groupe de discussion, etc ? Alignez vos efforts à leur rythme.

Soyez clairs quant à vos besoins : de la même façon que vous devez comprendre leurs processus et leur travail, ils ont besoin de comprendre les impacts organisationnels. La différence est que les processus agiles sont basés sur un flux tiré et que ce qui est livré est basé sur le rythme de l'équipe. Bien qu'il soit naturel pour le métier de pousser, vous devez être le pont et la voix de la raison entre le métier et l'IT, surtout s'il y a une séparation profonde entre les deux.

Éduquez l'organisation : greffez-vous au coach agile, si l'équipe en a un, et éduquez l'organisation sur l'importance d'une intégration plus étroite entre le métier et l'IT. Dans une organisation, notre équipe de coaching a appelé cela notre *programme de sensibilisation*. Nous avons inspiré les RH, le service Formation et développement, les équipes de direction et plus encore en leur montrant comment simplifier et mieux se coordonner. Le point clé est que c'était leur choix. Nous leur avons fait prendre conscience de ce que nous pouvions faire et ils faisaient appel à nous lorsqu'ils en avaient besoin ou lorsqu'ils le voulaient.

Voici une façon de montrer à l'organisation à quel point tout est interconnecté :

Ce gigantesque tableau Kanban terriblement laid montre toutes les idées et travaux stockés dans le cerveau collectif de l'organisation.

- **La section à l'extrême gauche :** nos principes, notre but du management visuel et qui sont nos clients.
- **La grille verte :** une feuille de route des idées, pas des engagements, en flux tiré. Les lignes horizontales correspondent aux sources de revenus et aux principaux domaines produits. Les colonnes sont, de gauche à droite : Q3 2014 | Q2 2014 | Q1 2014 | Ce trimestre. Les post-its jaunes dans la colonne *ce trimestre* ont des petits

autocollants colorés sur eux. Ces post-its montrent les équipes qui ont besoin de travailler sur ces éléments.
- **La section du milieu :** informations de détail intermédiaire comme des épopées, des diagrammes de flux et d'autres informations de ce niveau qui sont sortis des sessions de découverte du produit.
- **La section à l'extrême droite :** les détails du sprint par équipe. Cela montrait exactement sur quoi travaillaient les équipes.

Voici un gros plan de la section à l'extrême gauche :

Sur un mur différent , nous visualisions l'historique de l'entreprise :

Cela montrait :

- Un aperçu de l'état actuel, du nombre de clients, de la quantité de données, etc.
- Une chronologie des grandes étapes et événements comme l'arrivée de nouveaux clients, la sortie de nouveaux produits, les récompenses et les grands événements du secteur.

J'ai travaillé avec Leandog et Jon Stahl sur ce sujet. De son point de vue, lorsque vous visitez des usines qui ont des produits physiques, vous entrez dans leur bureau et vous voyez ce qu'ils font. Lorsque vous visitez des éditeurs de logiciels comme cette entreprise, vous entrez dans leur bureau, vous ne voyez rien et vous n'avez aucune idée de ce qu'ils font.

Les employés devraient se sentir fiers de leurs réalisations et ce mur était dans le hall d'entrée donc tout le monde, y compris leurs clients, le voyait lorsqu'ils entraient.

Enfin ces deux visualisations montrent les parcours clients et les parcours des données à travers l'organisation et tout sur leur technologie et leurs outils :

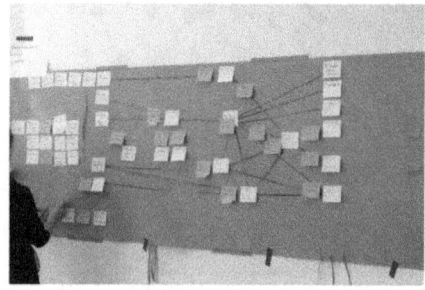

POURQUOI EST-CE IMPORTANT POUR LES AGENTS DU CHANGEMENT ?

Simple. Il s'agit d'aider les différents secteurs de l'organisation à comprendre les contextes des uns et des autres. La photographie du haut montrait le flux client et le flux de données à travers l'organisation et a été utilisée pour résoudre des problèmes et pour aider à comprendre les efforts importants à fournir pour faire les changements. Les rubans de la photo montrent le flux de données et les post-its jaunes à l'extrême droite montrent les écrans physiques sur lesquels s'affichent les données.

La photographie du bas a révélé pourquoi il y avait confusion à propos des fonctionnalités : trop de systèmes suivaient ce genre de choses. En fait, c'était l'organisation la plus compétente techniquement avec laquelle j'ai travaillé et ils avançaient si vite que générer des notes de version était un problème.

Générer des notes de version est ennuyeux mais important à faire. Les équipes techniques avaient toujours un travail plus compliqué à faire donc j'ai repris ce projet. J'étais leur coach agile et, comme j'étais développeur, j'ai aidé à automatiser un simple rapport qui serait envoyé à tous ceux qui voulaient voir ce qui arriverait dans la prochaine version et ce qui venait juste d'être déployé.

Les agilistes se moquent souvent de Jira. Blagues à part, cette société utilisait Jira et s'ils ne l'avaient pas utilisé, je n'aurais pas été en mesure de fournir des données instantanées aux représentants des métiers.

TROUVEZ VOTRE MÉTAPHORE.

Vous souvenez-vous des standardistes ? Je ne m'en rappelle pas mais je les connais ! Ils étaient le lien entre l'appelant et le destinataire de l'appel. C'est ce que font les agents du changement, ils agissent comme un lien entre deux groupes comme un département et des personnes, la direction et les employés, etc.

Si cette métaphore ne fonctionne pas pour vous, que diriez-vous des contrôleurs du trafic aérien ? Ils sont assis en hauteur et voient comment tous les éléments sont interconnectés les uns avec les autres.

Si ce n'est pas une bonne métaphore, que diriez-vous des copilotes de rallye ? Le pilote se concentre sur la conduite, le co-pilote l'aide à rester conscient de son environnement et de ce qui va arriver.

La façon dont vous voyez votre rôle d'agent du changement est la pièce maîtresse de la meilleure façon de changer votre façon de penser et d'aborder le changement.

PARTIE V - QU'EST-CE QUE LE CHANGEMENT DEPUIS LEAN CHANGE MANAGEMENT

Plus les choses changent, plus elles restent les mêmes. - Tom Keifer.

* * *

En 2009, quand j'ai écrit mon article de blog sur ce qu'était le changement pour moi, je ne m'attendais pas à me lancer dans une quête mondiale pour explorer pourquoi certaines personnes arrivaient à faire fonctionner le changement tandis que d'autres étaient coincés.

Aujourd'hui, il y a tellement de distractions avec de nouveaux acronymes, de nouveaux modèles, de nouveaux cadres méthodologiques, de nouveaux diagrammes de boucles et de nouveaux guides étape par étape basés sur l'opinion d'un quidam sur la façon dont il voit le changement.

Les humains ont besoin de comprendre les choses. Lorsque j'écris ou que je crée des diagrammes et des tutoriels, c'est ma façon de transmettre la façon dont je vois le monde du changement. Ce n'est pas plus vrai que la vision de quelqu'un d'autre, et quand les gens me posent la question : *"Comment mettre en place le Lean Change Management?"* , j'ai du mal à répondre.

Plus j'ai cherché à répondre à cette question, plus j'ai trouvé des idées intemporelles et universelles qui comptent plus qu'un nouveau diagramme ou qu'un nouveau modèle.

Un excellent exemple est la façon dont Alan Mulally a abordé le redressement chez Ford[1]. Selon son entretien avec le MIT, une réunion hebdomadaire a été la pièce maîtresse de sa stratégie.

Il faisait se rencontrer les responsables des départements toutes les semaines et :

"Chaque semaine, nous nous sommes réunis et nous avons fait le tour du monde. Nous avons examiné tous les risques, toutes les opportunités et tous les environnements d'affaires. Nous avons examiné notre stratégie. 'Fait-elle toujours sens? Devons-nous apporter des changements ? Ensuite, nous avons examiné les détails de notre plan...Vous mettez constamment à jour votre sens de la réalité mais ce n'est pas seulement moi qui le fait, c'est toute l'équipe."

Je vous encourage à lire l'entretien complet si vous voulez voir comment quelqu'un transcende la dernière tendance des bonnes pratiques éprouvées de leadership.

Lean Change Management visait à avoir le processus du changement le plus allégé et le plus simple possible qui permettrait aux agents du changement de se concentrer sur ce qui est utile plutôt que de suivre un processus.

Si votre processus du changement est simple et léger, il est plus probable que les agents du changement réfléchirons à la meilleure façon d'aller de l'avant.

Si votre processus du changement est lourd et compliqué, il est probable que les agents du changement suivront le processus tel que prescrit.

LA CONDUITE MODERNE DU CHANGEMENT.

Je suis sûr que certains d'entre vous ont peut-être gémit à cette phrase et pensé : *"N'avez-vous pas dit plus tôt que nous devrions nous arrêter et regarder autour de nous plutôt que d'inventer quelque chose de nouveau ?"*

Oui, je l'ai dit. Mais ces étiquettes n'ont pas d'importance. Je ne les utilise que pour vous donner un cadre de la façon dont je pense.

Ce qui est devenu clair pour moi, après avoir parcouru le monde et m'être connecté avec tant d'agents du changement, est qu'il y avait certaines idées universelles qui les guidaient vers la facilitation de changements plus utiles. Ces idées universelles étaient les Cinq Universels du changement que j'ai mentionnés dans le chapitre *Transformez la façon dont vous pensez le changement*.

Pensez à un bon ami que vous avez. Maintenant, pensez à quand vous avez rencontré cette personne et comment cette amitié s'est développée.

Comment cela s'est-il passé ?

Avez-vous acheté un manuel sur la façon de cultiver une relation ? Avez-vous suivi un cadre méthodologique, une méthode, un processus étape par étape ou un guide des bonnes pratiques qui assureraient la réussite d'une amitié ? Quels indicateurs avez-vous mis en place pour mesurer le succès et pour assurer un retour sur le temps investi ?

Bien sûr que non ! Ça a l'air idiot. Les vérités universelles pour établir et maintenir une relation avec quelqu'un d'autre est analogue aux vérités universelles pour la façon dont le changement utile se produit.

J'ai découvert ces vérités en parcourant le monde et en cherchant ce qui était important pour les agents du changement. J'ai recueilli *des défis du changement* lors de centaines d'ateliers et voici la vue catégorisée des sujets pour lesquels les agents du changement voulaient en savoir plus :

- objectif
- outils et compétences modernes
- Inspiration et leadership
- Motivation
- alignement, adhésion et co-création
- Changement de culture

- général
- résistance et inertie
- Agile
- Autre

Quelques exemples des défis du changement les plus courants que les gens ont sont :

- Comment l'agilité et le changement peuvent-ils être amis ?
- Comment puis-je utiliser des outils agiles/lean dans le changement ?
- Comment puis-je amener les dirigeants/cadres/parties prenantes à adhérer au changement ?
- Comment puis-je surmonter la résistance au changement ?

Cela m'a fait réaliser que le changement agile, que le changement Lean, que le changement moderne et que n'importe quelle autre étiquette marketing n'est juste qu'une étiquette. Ce livre est un excellent exemple. Je l'ai intitulé *Change Agility* pour attirer l'attention sur mes idées.

Ce n'est toutefois que le point d'entrée. Quand vous entendez le terme *agile* ou *agilité*, votre cerveau a déjà généré des hypothèses sur les propos de ce livre. Si votre cerveau vous a dit que le sujet devait être la façon d'appliquer un nouveau processus pour être plus agile dans le changement alors vous aurez certainement détesté ce livre. Bien que vous n'auriez probablement pas lu aussi loin, donc c'est un point théorique !

Les étiquettes vont et viennent. Finalement les gens en auront assez du changement agile, du changement Lean, du changement moderne et de tout autre étiquette et passeront à autre chose.

Larry Smith, professeur adjoint à l'Université de Waterloo, a dit : *"Quand les consultants commencent à utiliser le terme, l'idée est banalisée et déclinée jusqu'à être bientôt remplacée par autre chose"*. C'était à une conférence d'*intrapreneurs*, et il a poursuivi avec : *"Dans 50 ans, cette conférence sera encore une chose mais elle sera appelée différemment parce que ces deux idées fondatrices ne changeront jamais : la concurrence et l'innovation. Plus nous innovons, plus nous créons de concurrence. Plus nous créons de concurrence, plus nous devons innover."*

Dans les derniers chapitres de la partie V, je vais vous partager une histoire au sujet de ce qui est arrivé chez The Commission cinq ans plus tard. Je partagerai aussi une variété de manifestes de conduite agile du changement recueillis à travers de nombreux ateliers dans le monde entier. Ceux-ci montreront que peu importe les pays d'où viennent les agents du changement, peu importe la taille ou le secteur des organisations, nous avons tous les mêmes défis et nous partageons tous des visions identiques sur ce que signifie être *plus agile dans la conduite du changement*.

QUE S'EST-IL PASSÉ AVEC THE COMMISSION?

Je suis resté en contact avec les gens de The Commission pendant des années parce que c'est toujours agréable de voir comment les choses évoluent, surtout parce que j'y ai passé un an de ma vie. Chaque entreprise que j'ai visitée et dans laquelle j'ai travaillé s'est améliorée au fil du temps mais les conversations sur 'l'échec' semblent dominer les médias sociaux parce qu'elles sont plus attirantes.

En tant qu'humains, nous aimons la tragédie. Mon ami, Andrew Annett, aime dire que nos cerveaux sont comme du velcro quand de mauvaises choses se produisent. Nous nous souvenons le mauvais et oublions toujours le bon.

Je ne vais pas approfondir le mythe des soixante-dix pourcents d'échec dans la conduite du changement ou dans le top huit des dysfonctionnements ou dans d'autres absurdités parce que c'est un non sens complet. Peu importe la taille, les changements organisationnels sont beaucoup trop complexes pour se distiller en un résultat binaire de succès ou d'échec.

Des gens m'ont demandé si la transformation de The Commission a été un succès et j'ai toujours répondu de la même façon :

Quand je suis parti, les choses étaient meilleures que quand j'ai commencé et ils continuent à évoluer.

Il m'est facile d'intervenir et de voir à quel point des progrès ont été réalisés, alors je me suis assis avec quelques personnes de The Commission en 2018 pour en entendre plus sur ce qui avait changé. L'un d'eux a dit :

"Si vous aviez écrit ce livre deux ans plus tôt, nous aurions pleuré [en vous disant ce qui s'est passé depuis votre départ], mais les choses vont plutôt bien maintenant et s'améliorent".

Les faits marquants

- Plusieurs directeurs informatiques se sont succédés au cours des six dernières années.
- L'équipe Qualité n'existe plus. Les coaches et les Scrum Masters siègent maintenant dans les équipes de livraison.
- Ils utilisent toujours des canevas du changement si nécessaire.
- Ils visualisent toujours le travail, bien que le gigantesque tableau Kanban ait disparu (les tableaux sont tous électroniques maintenant, se concentrant sur les projets et les services.)
- Le programme de modernisation est entré en activité

avec le nombre de problèmes que l'on pouvait attendre avec un programme de modernisation de trois ans conçu pour passer de la technologie mainframe à un ensemble de technologies modernes. Certains continuent à blâmer 'agile' pour tous leurs problèmes liés à cette modernisation.
- La conduite du changement n'est plus une réflexion après-coup; elle se produit au début d'un projet si nécessaire.
- Les groupes de livraisons se sont alignés autour du client.
- Dans une réorganisation plus récente, certaines personnes ont eu l'opportunité de postuler pour de nouveaux postes.
- Les personnes de l'ancien service Qualité sont encore sollicitées par de nombreuses parties de l'organisation pour faciliter des exercices Lego Serious Play, des rétrospectives et plus encore.
- La hiérarchie s'est développée à un moment donné suite à l'arrivée d'une Direction différente et ensuite s'est réduite avec l'arrivée d'une nouvelle Direction.
- Il y a une nouvelle méthode de livraison co-créée par un consultant externe en changement, par le groupe de conduite du changement fraîchement formé et par des dirigeants sélectionnés.

Évolution continue

Le changement ne suit pas une progression linéaire état actuel->transition->état futur. Il suit une évolution continue avec des flux et des reflux d'énergie que j'appellerai les Vagues du Changement. Dès la création de l'organisation, chaque vague l'élève vers de nouveaux sommets. C'est la façon dont toutes les entreprises évoluent.

The Commission et toutes les autres organisations que j'ai visitées ont évoluées selon le même schéma :

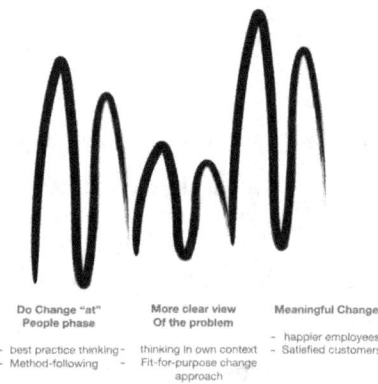

CHANGEZ "À" **la phase des personnes:** meilleures pratiques de réflexion, en suivant la méthode

une vision plus claire du problème: penser dans son propre contexte, approche adaptée à son objectif

changement significatif: des employés plus heureux, des clients satisfaits

NOTE : vous pouvez trouver plus de détails sur les *Vagues du Changement* sur changewayfinder.com - quand j'ai écrit ce livre, il était à moitié prêt; aujourd'hui il est tout beau tout chaud. Vous pouvez considérer les vagues comme des niveaux de maturité; la différence étant qu'un modèle de maturité suppose une progression linéaire d'un état à un autre indépendamment du contexte alors que chaque vague a une signification différente d'une organisation à une autre. N'importe quelle entreprise peut passer par deux ou trois vagues pour atteindre le deuxième niveau de n'importe quel modèle de maturité.

La première Vague du Changement : de nature plus superficielle, objectifs et vision flous, aucun but convainquant, des forces systémiques contradictoires (objectifs de performance contraires aux résultats, etc.)

Les choses vont s'améliorer mais elles concerneront surtout les processus et les améliorations mineures maquillées par le langage marketing des consultants ou de l'équipe du changement.

Exemple : chez The Commission, ils voulaient qu'un processus agile soit mis en place. Nous savions que *produire la mauvaise chose plus rapidement* n'était pas utile mais ils avaient besoin de passer par cette vague.

La deuxième Vague du Changement : de la frustration que nous *ne l'avons pas bien fait la première fois* et du scepticisme, mais plus de volonté de réellement changer les choses.

Au cours de la deuxième vague, le problème qui doit être résolu et les questions sur la raison pour laquelle nous avons abordé la première vague comme nous l'avons fait seront clarifiés. Le changement complexe semble toujours plus clair a posteriori.

Exemple : chez The Commission, nous sommes passés d'équipes fonctionnelles à des équipes pluridisciplinaires une fois que l'organisation avait appris que ce serait plus efficace que de rendre les fonctions plus agiles. Il ne nous aurait pas été possible de le faire dès le début de la mission parce que certaines fonctions avaient de mauvaises relations.

La troisième Vague du Changement : Davantage d'attention portée aux employés et aux clients plutôt qu'au fonctionnement interne (processus). Bien qu'on en ait parlé dans un premier temps, c'était de l'ordre de la théorie, maintenant c'est en cours d'adoption.

Exemple : ceci est un secret ! L'Usine Digitale, les hackathons et les programmes d'innovation ont commencé à se produire des années après la première transformation.

Il est difficile de s'éloigner des étapes et des phases linéaires et de gérer l'énergie des vagues. Les agents du changement compétents développeront un sixième sens sur la connaissance du bon moment pour intervenir.

Ils remarqueront que le déclin de la vague est une excellente occasion de ralentir, de réfléchir et de réexaminer le but originel du changement pour y insuffler une nouvelle vie. Bien que nous aimons planifier dans un premier temps puis réfléchir à la phase d'exécution, la réalité est que cette phase d'exécution progresse par succession de vagues. Oubliez le plan du programme ou du projet et sa finalité même si c'est désagréable, en regard des dépenses en termes de temps et d'argent.

Il n'est jamais trop tard pour réexaminer le but et souvenez-vous que, si vous êtes un agent du changement externe, votre rôle dans l'organisation se limite à la durée de la première vague alors que les employés seront impactés par les trois vagues du changement.

L'équipe innovation.

Lorsque nous avons commencé à The Commission, nous avions des tableaux Kanban fonctionnels. Quand un développeur passait un ticket à *"fini"*, il devait monter au huitième étage et le mettre dans la file d'attente de l'équipe de test. Après cela, le travail était coordonné dans nos mêlées quotidiennes d'entreprise. Au début de ces réunions, l'hostilité était la norme : "Je suis en retard parce que TU m'as donné des exigences merdiques !"

Finalement, après avoir traversé cette période douloureuse, l'organisation a réalisé qu'il était préférable de s'orienter vers des équipes pluridisciplinaires.

Lorsque nous avons créé le premier espace de travail ouvert colocalisé, les gens ont paniqué. Ils étaient habitués à leur double moniteur et à la sécurité de leur bureau privé plein de rangements et d'espace libre. Le premier espace collaboratif entassait tellement les gens qu'ils se frottaient les coudes entre voisins.

En l'espace d'un an, ils sont passés d'équipes fonctionnelles à des équipes pluridisciplinaires (Vague 1), pour finir avec des espaces ouverts propices à la collaboration d'équipe (Vague N. Il aura fallu sept à huit vagues pour passer d'équipes pluridisciplinaires aux espaces collaboratifs.) Souvenez-vous qu'il n'y a pas de phases mais des évolutions naturelles qui se produisent sur une période de temps en cohérence avec le rythme naturel du changement de l'organisation.

Depuis lors, une équipe d'innovation a été créée et a accompli des choses formidables :

• Elle a organisé des hackathons à partir desquels une application a été finalement mise en production.

• Suite aux premiers retours montrant qu'elle ne construisait pas la bonne chose, l'équipe a abandonné le développement d'un produit minimum viable sans que les membres de l'équipe ne soient crucifiés pour ça.

• Une équipe conjointe Métiers et IT (appelée Usine Digitale, ce qui est la nouvelle chose à copier/coller provenant des grandes organisations) a mis une application en production et a remporté un prix dans le secteur public.

Pour revenir rapidement sur les Vagues du Changement, chaque organisation sait qu'elle doit innover d'une manière ou d'une autre. Toutes les organisations savent que transférer des logiciels aux métiers est terriblement inefficace en termes de changement mais elles n'agiront pas jusqu'à ce que la difficulté de continuer avec le statu quo dépasse la difficulté de changer.

Quand j'ai commencé à The Commission, il n'y avait aucune chance qu'ils aient pu accepter la nécessité de créer des équipes d'innovation parce que les départements fonctionnels ne collaboraient pas. La division IT était analogue à une usine, elle transférait les gadgets d'une fonction à une autre et vérifiait la qualité à la fin.

Copiez, collez, ajustez.

Tout comme ma déclaration audacieuse que le changement se produit par vagues, les organisations s'améliorent lorsqu'elles imitent d'autres organisations. À The Commission, le métier n'était pas satisfait de ce qui était livré et les personnes de l'IT n'étaient pas engagées auprès de la division du service client. Leur connaissance du client se limitait donc à ce que les représentants métiers leur commandaient.

Nous avons orienté la conversation vers la façon dont ils pouvaient changer les choses de sorte que cela profite aux utilisateurs finaux, ce qui était une différence radicale dans la manière d'envisager les changements de structure et de processus.

Les cadres supérieurs ont visité d'autres organisations qui faisaient ce qu'ils voulaient faire. C'est un schéma que j'ai rencontré dans de nombreuses organisations. Ils voient des exemples de ce qu'ils aiment dans de nouveaux articles ou histoires sur LinkedIn et ils s'adressent aux dirigeants de ces organisations pour partager leurs histoires. Si vous avez travaillé pour de nombreuses entreprises de télécommunications, banques ou compagnies d'assurances, vous noterez que la façon dont elles travaillent est plus ou moins identique. C'est parce que les mêmes personnes passent d'une entreprise à une autre en copiant/collant les idées, les processus et les outils qu'ils aiment.

Il est tentant d'acheter des modèles opérationnels de grands cabinets de conseil et quand j'étais chez The Commission, embaucher un cabinet de conseil de premier plan, tout externaliser et acheter un manuel était la norme. Cette fois-là, ils l'ont fait différemment, en se concentrant sur ce qui profiterait aux clients finaux et en y impliquant des dirigeants sélectionnés.

Le changement de culture insaisissable.

Quand les gens disent que vous ne pouvez pas transformer à moins de changer la culture, ceci, mes amis, est une tentative de changer la culture. S'agit-il d'une *culture transformée* ? Bien sûr que non. Certains types d'organisations auront toujours un certain type de culture dominante mais elles peuvent créer des niches de contre-culture.

UN MANIFESTE POUR LA CONDUITE AGILE DU CHANGEMENT

*E*spérons que maintenant vous avez créé votre manifeste de conduite agile du changement. Bien que vous soyez en mesure de partager et de comparer sur changeagility.org, voici quelques pensées et idées issues de quelques formations données dans différentes parties du monde.

On me demande souvent : *"Qui fait correctement ce truc de changement agile ?"* Désolé de mettre certaines personnes de côté, mais c'est la Finlande. Les finlandais ont le don d'être géniaux à peu près sur tout.

Je me souviens de ma première incursion dans le monde de l'agilité il y a plus de dix ans lorsque le mot agile avait un sens. Les premiers à avoir adopté l'agilité ont trouvé quatre valeurs simples et douze principes intemporels qui renforçaient leurs croyances avec un appel à l'action sur la façon dont ils pouvaient améliorer leurs organisations.

Il n'est un secret pour personne que la ruée vers l'or est de capitaliser sur le marketing agile, sur la conduite agile du changement, sur le remplacement agile des draps de bain et sur l'agilité organisationnelle. Mais j'imagine que c'est plutôt déroutant, pour les personnes nouvellement familières avec l'agilité, de comprendre comment passer au cribles tout le bruit, tout le marketing et tout l'enrobage pour comprendre ce que, diable, tout cela signifie.

> nous avons décidé de l'appeler un manifeste car c'était un appel aux armes et une déclaration de nos convictions - Martin Fowler

Quand j'ai commencé à apprendre l'agilité, il y avait six livres, un manifeste et les mêmes neufs personnes à chaque rencontre. C'était simple. Aujourd'hui, il y a soixante-douze cadres méthodologiques et des dizaines de milliers d'experts revendiquant leur expertise agile. Il n'est donc pas surprenant que, si vous voulez en apprendre davantage sur ce qu'est l'agilité, ce soit diablement déroutant.

J'ai eu des milliers de personnes dans mes ateliers du changement et il y a un exercice qui demande aux gens de créer un manifeste de la conduite agile du changement qui capture l'esprit du manifeste agile. Le but de ce chapitre est de partager quelques exemples pour ceux qui croient que **l'avenir de la conduite agile du changement n'a rien à voir avec des normes, des cadres méthodologiques et des modélisations de processus**. Bien sûr, ces choses vont émerger, c'est la beauté du monde capitaliste mais elles passeront toutes à côté du sujet.

La raison pour laquelle je dis cela est que mes ateliers du changement attirent généralement des coachs agiles, des employés *chargés d'un travail de changement* par une tape sur l'épaule ou des praticiens du changement *traditionnel* qui ont déjà travaillé, au cours de leur carrière, d'une façon agile sans le savoir mais qui veulent combler un manque.

Pour rappel, voici le manifeste agile :

- Les individus et les interactions plus que les processus et les outils.
- Un logiciel fonctionnel plus qu'une documentation exhaustive.
- La collaboration avec le client plus que la négociation d'un contrat.
- L'adaptation au changement plus que le suivi d'un plan.
- Nous reconnaissons la valeur des seconds éléments, mais privilégions les premiers.

Voici maintenant quelques exemples de la façon dont les participants de mes ateliers ont adapté cela au changement :

D'UN GROUPE EN BELGIQUE :

- Embrasser l'incertitude plus que réduire les risques.
- Faciliter les idées plus que dire aux gens quoi faire.
- La collaboration globale rend possible la résolution de problèmes complexes.
- La co-création plus que des décisions hiérarchiques.

- La collaboration globale plus que l'optimisation locale.

D'UN GROUPE EN FINLANDE :

- Les individus et les interactions plus que les processus et les outils.
- Les actions quotidiennes plus qu'une documentation exhaustive.
- La transparence et l'autogestion plus que la coordination étroite et le micromanagement.
- L'adaptation au changement plus que le suivi d'un plan.

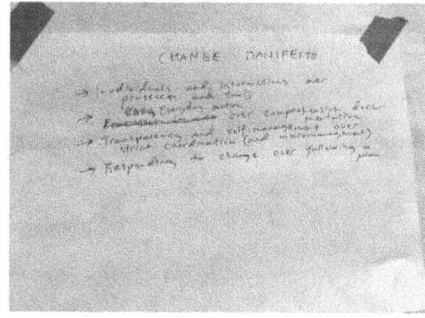

D'UN AUTRE GROUPE EN FINLANDE :

- La compréhension plus que les techniques et les outils.
- La collaboration plus que l'information.
- La responsabilisation des personnes plus que le management des personnes.

D'UN GROUPE À VANCOUVER, CANADA :

- Les résultats plus que les structures et les processus.
- La responsabilisation de l'équipe plus que la hiérarchie.
- Des conversations régulières plus que des annonces.
- L'engagement sur l'éducation/apprentissage continu plus que la formation unique.

D'UN GROUPE AUX ÉTATS-UNIS :

- L'attraction plus que la poussée.
- Le contact plus que la technologie.
- Organique plus que scénarisé.
- La croissance plus que la perfection.

Un groupe a même réalisé son manifeste à partir de Legos :

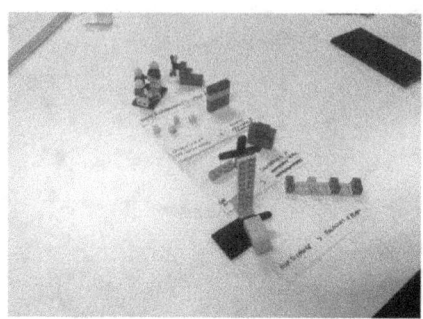

Ce que j'aime dans cet exercice, c'est qu'il fait réfléchir les personnes sur leur propre contexte. Nous sous-estimons la puissance de la motivation intrinsèque quand il s'agit de changer. Nous pensons qu'un ensemble de normes et de nouvelles certifications vont aider. Cela ne sert à rien.

Si vous êtes curieux, et assez sérieux, d'en apprendre plus sur la conduite agile du changement, ne vous limitez pas à ce que votre association professionnelle dit que vous devriez apprendre, allez explorer !

OÙ EN SAVOIR PLUS SUR L'AGILITÉ ET LA CONDUITE DU CHANGEMENT ?

Pour toi, agent du changement débutant dans l'agilité, le meilleur conseil que je te donnerai est de travailler en tant que Scrum Master dans une petite organisation. Je crois que c'est la meilleure façon d'expérimenter la véritable agilité.

Il est difficile d'apprendre l'agilité de nos jours parce que la plupart du contenu que vous trouverez est lié à des organisations d'entreprises et il provient de personnes qui le voient comme un processus parce que c'est tout ce qu'elles connaissent.

Il y a de fortes chances que si votre première expérience de l'agilité vient d'une grande organisation, vous voyez la troisième ou la quatrième vague de l'agilité à savoir *l'agilité à l'échelle*. Bien que ce soit la nature de l'évolution de toutes idées, vous allez passer à côté du sujet, en l'occurrence travailler avec une équipe qui déchire et qui construit des solutions impressionnantes pour les clients.

Découvrez Agile Uprising[1] et faites une requête Google sur le mouvement take-agile-back[2] . L'un de mes amis, Ryan Lockhard d'Agile Uprising, a interviewé les dix-sept signataires du manifeste en 2016 et c'est une série fantastique qui réexamine l'intention de l'agilité et qui explore comment l'agilité a changé depuis 2001. Vous remarquerez que j'ai souvent utilisé le mot *intention* dans ce livre. Il est important de comprendre pourquoi et comment ces idées sont apparues, de vous les approprier et de baser vos actions dessus. Ce n'est pas une vision radicale, même si cela peut y ressembler.

Le mouvement take-agile-back (retour aux sources de l'agilité) a été créé en 2014 par Tim Ottinger, un célèbre et respecté agiliste. De son point de vue, l'agilité est devenue un grand marché orienté processus. L'excellence technique a été mise sur la banquette arrière, ou dans certains cas laissée sur le bas-côté, et l'âme de l'agilité a été aspirée.

À la fois Agile Uprising et le mouvement take-agile-back sont dignes de vous aider à comprendre que les premiers éléments des valeurs agiles du manifeste sont plus importants et à reconnaître que les seconds éléments sont toujours importants.

Il y a des extrémistes dans toutes les disciplines. Il y a des personnes fortement attachées aux premiers éléments du manifeste qui se sentent personnellement attaquées par l'évolution de l'agilité dans les grandes entreprises et par les schémas pyramidaux de certifications.

De l'autre côté, il y a des personnes fortement attachées aux seconds éléments du manifeste qui ne connaissent que l'agilité dans les grandes entreprises parce qu'elles n'ont commencé à l'apprendre qu'à partir de 2012 quand l'agilité à grande échelle a commencé à émerger.

Apprenez des deux côtés mais, vraiment, réexaminez l'intention du manifeste.

PARTIE VI - CHANGE WAYFINDER

J'ai mentionné Change Wayfinder à maintes reprises. Au moment où vous lirez ceci, il sera rempli de grandes idées, de pratiques et d'histoires bien plus utiles pour vous inspirer à penser le changement différemment.

Je répète également que lorsque j'ai écrit ce livre pendant l'été 2019, j'avais prévu d'ajouter un tas d'histoires courtes à utiliser comme sources d'inspiration.

Alors que je le finalisais, j'ai décidé de ne pas le faire. Au lieu de cela, j'ai décidé de mettre en ligne ces histoires, ces pratiques et ces idées sur changewayfinder.com afin que chacun puisse y accéder sans acheter ce livre. J'ai la forte conviction que le partage d'une évolution continue des idées est plus important que la vente d'un livre. Je les ai donc séparés en deux choses distinctes. De cette façon, vous pouvez consulter les histoires en ligne indépendamment du livre ou acheter le livre et obtenir un accès gratuit à la communauté en ligne. Et ne vous inquiétez pas, je vais vous montrer comment y avoir accès gratuitement puisque vous avez acheté la version bêta de ce livre !

LE SITE INTERNET CHANGE WAYFINDER.

Avant de vous dire comment obtenir votre accès gratuit, je voulais vous partager l'histoire intitulée *The Change Wayfinder*. Je pense que vous allez l'apprécier.

En regardant le film, *L'ascension de Skywalker*, pendant sa quête de l'empereur, Rey se retrouve coincée. Elle a besoin d'aide et cherche un guide (un "wayfinder") pour l'aider. Oui, j'ai trouvé l'idée du wayfinder excellente et c'est comme ça que le nom m'est venu.

Voici comment vous pouvez accéder gratuitement au Wayfinder :

Allez sur changeagility.org. Entrez le code: starwars et vous obtiendrez trois mois d'accès gratuit pour explorer le Wayfinder de la Communauté du Changement Moderne.

J'ai pensé que cela avait un sens. Ma dernière décennie à travailler en tant qu'agent du changement m'a montré que les personnes ont besoin de plus d'aide à la demande et de soutien.

Elles ont besoin d'aide pour clarifier les choses afin de pouvoir aller de l'avant. Les cadres méthodologiques figés, les méthodes et les manuels ne prennent pas en compte le contexte. Un GPS, ou un wayfinder, sait, qu'en face de vous, il y a une rivière sur laquelle vous ne pouvez probablement pas conduire !

Souvenez-vous, le changement n'est pas un voyage, il s'agit davantage de méandres continus dans le brouillard. Un wayfinder peut vous aider à dissiper le brouillard dans une certaine mesure, mais la destination changera toujours.

VOICI CE QUE VOUS TROUVEREZ SUR CHANGE WAYFINDER :

Pour les grands penseurs : les grands penseurs ont besoin de grandes idées qui défient leurs croyances sur la façon dont ils voient le changement. Commencez à explorer les concepts du changement moderne et autres grandes idées et philosophies qui peuvent vous aider à essayer différentes lunettes pour regarder votre changement.

Pour les penseurs pragmatiques : choisissez parmi une variété d'activités agiles, de lean startup, de pensée design, d'accompagnement et de facilitation. Elles ont toutes des options pour les adapter à votre contexte et à vos histoires d'inspiration afin que vous puissiez voir qui les a essayé et de quelle façon elles ont fonctionné.

Pour les chercheurs d'inspiration : copiez, collez, ajustez. Les humains imitent ce qu'ils voient et l'ajustent à leur contexte. Inspirez-vous des histoires d'agents du changement à travers le monde qui ont modernisé et contextualisé leur approche du changement avec des actions concrètes.

Je l'ai organisé de la sorte pour ces quelques raisons :

- J'ai entendu un million de fois au fil des ans : " *Oui, ça a l'air bien en théorie, mais je ne peux pas faire ça"* - Les histoires sur Wayfinder fournissent la preuve sociale que c'EST possible.

- Chefs : il y a beaucoup d'agents du changement extraordinaires qui ont juste besoin d'être poussés à penser le changement différemment.
- Nouveaux agents du changement : Quand j'étais nouveau et inexpérimenté, j'aurais aimé avoir quelque chose comme ça pour m'indiquer une idée ou une pratique.
- J'ai vu des influenceurs du changement autoproclamés acquérir de mauvaises bases de l'agilité parce qu'ils ont sauté dans la vague de l'agilité pendant la phase de mise à l'échelle d'entreprise. Je ne veux pas blâmer ces gens mais vous êtes plus à même d'en apprendre davantage sur le *changement agile* auprès de coachs agiles. Pardon. Réfléchissez à cela. Si vous dirigez votre propre entreprise, voulez-vous des conseils fiscaux et comptables par quelqu'un qui a été comptable ou par quelqu'un qui a lu un livre sur la comptabilité ?

Par dessus tout, je voulais que vous soyez capable de trouver l'inspiration en vous basant sur qui vous êtes et sur ce dont vous avez besoin. Si votre environnement exige plus de structure et de contrôle, choisissez les pratiques conçues pour ça.

Si vous voulez faire pencher la balance vers la co-création, la pensé design et les pratiques agiles du changement, je sais que vous trouverez quelque chose.

Pour conclure, je terminerai ce livre avec une citation de mon ami Don Gray. Oui, encore une histoire de la conférence AYE ! Il a animé une session intitulée *Lire la rivière* dont la prémisse était :

"Nagez avec le courant de l'organisation."

Souvent, en tant qu'agent du changement, en particulier en tant qu'agents du changement agile, nous voulons perturber. Il y a un temps et un endroit pour nager avec le courant, et un temps pour nager à contre-courant.

PARTIE VII - REMERCIEMENTS

UN MERCI SPÉCIAL À LOÏC LÉOFOLD POUR LA TRADUCTION DE CE LIVRE ET À SYLVAIN CHERY POUR SON RÔLE DE CRITIQUE ET RÉVISEUR!

Tout d'abord et avant tout, encore une fois, aux personnes formidables qui ont organisé les conférences AYE et PSL qui m'ont, haut la main, sauvé la vie :

- Don Gray, Esther Derby, Johanna Rothman, Jerry Weinberg et Steve Smith : j'espère que vous savez à quel point ces événements ont changé ma vie. Merci à tous ces gens et mes excuses à ceux que j'ai oubliés !
- Sue Johnston et Andrew Annett : tout ce que je fais, c'est me demander comment Sue structurerait une conversation et quel est l'unique mot qu'Andrew utiliserait qui fera sens pour tout l'univers.

- Les milliers d'agents du changement que j'ai rencontrés au fil des ans lors des ateliers et dans les organisations, tous les facilitateurs Lean Change Management et les membres de la communauté de qui j'apprends quotidiennement.
- Colin Mulholland : ton histoire de petit-déjeuner me fait sourire tous les jours.
- Dawna Jones : ta capacité à penser au-dessus et au-delà m'étonne tous les jours.
- Julia Borgini pour avoir trouvé 2 943 erreurs dans la version 0.1 que j'ai eu besoin de fusionner à nouveau dans Vellum !
- Les auteurs du manifeste : alors que le monde ressent le besoin de taper sur ses créateurs uniquement parce qu'ils étaient 17 mâles blancs, je pense encore qu'il est intemporel et inspirant.
- Cynthia Barlow : l'une de mes coachs qui m'a aidé à réaliser que c'est bien d'être moi.
- Jean Mclendon et Hugh Gratz : pour la merveilleuse expérience Satir. Mec, j'ai beaucoup de travail à faire.
- Doc Norton : nous nous sommes rencontrés un tas de fois mais tu es une personne formidable et tu m'inspires.
- Jon Stahl : nous n'avons pas travaillé ensemble longtemps, mais tu as eu une énorme influence sur ma façon de voir l'agilité.
- Toutes les personnes que j'ai remerciées dans Lean Change Management !
- Jurgen Appelo : ta créativité a toujours été une inspiration pour moi.
- Trevor Owens : pour cette première expérience de la

machine Lean Startup qui m'a fait me demander comment utiliser le Lean Startup dans le changement.
- George Carlin, plus un tas d'autres comédiens de stand up (y compris ceux dont nous n'avons plus le droit de parler) - vous étiez un magicien des mots qui faisait réfléchir les gens.
- Voici une liste des personnes que j'ai rencontrées au fil des années et qui m'ont inspiré avec leur passion pour faire de ce monde un monde meilleur (sans ordre particulier) : Esther Lind, Tabatha Cooper, Eva-Lotta Nordling, Line Degner, Andrew Guy, Adriana Girdler, April Jefferson, Aaron Dignan, Mark Raheja, Gitte Klitgaard, Mike Edwards, Dave Dame, Shahin Sheidaei, Mark O'Donovan, Barb Heller, Maria Racho.
- Par dessus tout, à ma femme et ma famille qui me sauvent la vie tous les jours.

Oh, et si je t'ai oublié, encore une fois, je suis désolé ! Je ne pourrai pas être plus canadien que ça, je suppose.

NOTES

2. CHASSER LES VOITURES (POURQUOI CE LIVRE ? POURQUOI MAINTENANT ?)

1. 1 https://geraldmweinberg.com/
2. 2 http://changewayfinder.com
3. https://en.wikipedia.org/wiki/Finite_and_Infinite_Games
4. https://simonsinek.com/product/the-infinite-game/

4. COMMENT LIRE CE LIVRE ?

1. https://www.estherderby.com/
2. https://en.wikipedia.org/wiki/Open_Space_Technology
3. https://thenewkingmakers.com/
4. https://en.wikipedia.org/wiki/Imprinting_(psychology)
5. Baby Duck Syndrome - https://en.wikipedia.org/wiki/Imprinting_(psychology)#Baby_duck_syndrome
6. https://modernchangemanagement.com/change-wayfinder/

5. ÊTRE AGILE OU FAIRE AGILE ?

1. What is Extreme Programming - https://ronjeffries.com/xprog/what-is-extreme-programming/
2. 1 https://www.agilecoachinginstitute.com/
3. Kerth's Prime Directive https://retrospectivewiki.org/index.php?title=The_Prime_Directive

NOTES

6. DEVENIR PLUS PLEINEMENT HUMAIN

1. The Organized Mind - https://www.penguinrandomhouse.com/books/313653/the-organized-mind-by-daniel-j-levitin/
2. Based on the work of Virginia Satir, I'll point you to Jean McLendon - https://www.satirsystems.com/JeanMcLendon.en.html (or satir-global.org)

PARTIE I - MANIFESTE DE LA CONDUITE MODERNE DU CHANGEMENT

1. Scrum in 10 minutes by Lyssa Adkins https://www.youtube.com/watch?v=_BWbaZs1M_8
2. "The Hole-in-the-Floor Model"
   Excerpt From: Gerald M. Weinberg. "Becoming a Change Artist." (Page 20 eBook)
3. "Diffusion approach to change"
   Excerpt From: Gerald M. Weinberg. "Becoming a Change Artist." (Page 18 eBook)
4. Change is like adding milk to coffee - Niels Pflaeging https://www.linkedin.com/pulse/change-more-like-adding-milk-coffee-niels-pflaeging/
5. http://changeagility.org

2. LES INDIVIDUS ET LES INTERACTIONS

1. Nous reconnaissons la valeur des seconds éléments, mais privilégions les premiers - www.agilemanifesto.org

5. L'ADAPTATION AU CHANGEMENT

1. https://www.darwinproject.ac.uk/people/about-darwin/six-things-darwin-never-said/evolution-misquotation
2. https://www.kodak.com/en/consumer/home

7. ÊTRE AU CONTACT PLUTÔT QU'UTILISER LA TECHNOLOGIE

1. Julia Borgini est une amie de longue date et la correctrice de mon premier livre. J'espère qu'elle ne m'en voudra pas ! Mais bien sûr, comme vous lisez la version Beta 0.2, vous saurez qu'elle a corrigé cette version!
2. http://leandog.com

8. ADAPTER LES INDICATEURS

1. Is the 70% Failure 'Stat' a myth? http://www.agilecoach.ca/2013/08/23/70-failure-rate-myth/

9. S'ADAPTER AU RYTHME

1. Otto Scharmer - Theory U https://www.ottoscharmer.com/theoryu
2. Lean Change Management - http://leanchange.management, Jason Little, 2013

12. LES PERSONNES QUI ÉCRIVENT LE PLAN NE LUTTENT PAS CONTRE LE PLAN

1. Meaningful Change at National Leasing - https://leanchange.org/2016/11/how-to-make-change-matter-using-change-canvases/
2. Lean Change Management - Change Canvases http://leanchange.org/canvases

4. COLLABORER ENTRE LES FONCTIONS

1. Managing Your Project Portfolio - Johanna Rothman https://www.jrothman.com/books/manage-your-project-portfolio-increase-your-capacity-and-finish-more-projects/
2. changewayfinder.com has instructions for doing this

NOTES

5. PRIVILÉGIER LA MOTIVATION INTRINSÈQUE

1. Table Group - Getting Naked by Patrick Lencioni https://www.tablegroup.com/books/getting-naked/
2. Celebration Grid by Jurgen Appelo https://management30.com/practice/celebration-grids/#:~:text=Celebration%20-Grids%20are%20a%20visual,learn%20something%20from%20our%20failures
3. https://leanchange.org/2017/01/combining-innovation-games-and-lean-change-management/
4. From Stone Age to Agile - Ardita Karaj and Jason Little http://fromstoneagetoagile.com/

11. LES PERSONNES QUI ÉCRIVENT LE PLAN NE LUTTENT PAS CONTRE LE PLAN

1. I'm Part of an Inspiring Future https://leanchange.org/2016/07/creating-alignment-for-enterprise-transformation/
2. Open Space Technology - https://en.wikipedia.org/wiki/Open_Space_Technology
3. Lean Coffee - http://leanchange.org/leancoffee

12. INSPECTER ET ADAPTER

1. Lean Change Management Strategy Canvas - https://leanchange.org/resources/canvases/
2. 5 Big Takeaways from LSM Toronto - http://www.agilecoach.ca/2012/01/31/4-big-takeaways-from-lean-startup-machine-toronto/

1. TRANSFORMEZ LA FAÇON DONT VOUS CONDUISEZ LE CHANGEMENT

1. https://retromat.org/en/?id=84-98-26-61-92
2. https://www.estherderby.com/books/

2. TRANSFORMEZ LA FAÇON DONT VOUS PENSEZ LE CHANGEMENT

1. http://modernchangemanagement.com

PARTIE V - QU'EST-CE QUE LE CHANGEMENT DEPUIS LEAN CHANGE MANAGEMENT

1. http://leadership.mit.edu/rare-find-alan-mulally-complete-leader/

2. UN MANIFESTE POUR LA CONDUITE AGILE DU CHANGEMENT

1. http://agileuprising.com
2. https://www.infoq.com/articles/taking-back-agile/